百折不挠

B a i Z h e B u N a o

为什么是中国共产党

韩云川 / 主编

人民东方出版传媒
People's Oriental Publishing & Media
東方出版社
The Oriental Press

图书在版编目（CIP）数据

百折不挠：为什么是中国共产党 / 韩云川主编 .—北京：东方出版社，2024. 8.
ISBN 978-7-5207-3992-4

Ⅰ. D23

中国国家版本馆 CIP 数据核字第 2024Y9W186 号

百折不挠：为什么是中国共产党
（BAIZHEBUNAO：WEISHENME SHI ZHONGGUO GONGCHANDANG）

主　　编：韩云川
责任编辑：杨润杰
责任审校：赵鹏丽
出　　版：东方出版社
发　　行：人民东方出版传媒有限公司
地　　址：北京市东城区朝阳门内大街 166 号
邮　　编：100010
印　　刷：北京市联华印刷厂
版　　次：2024 年 8 月第 1 版
印　　次：2024 年 8 月北京第 1 次印刷
开　　本：710 毫米 ×1000 毫米　1/16
印　　张：17.5
字　　数：210 千字
书　　号：ISBN 978-7-5207-3992-4
定　　价：68.00 元
发行电话：（010）85924663　85924644　85924641

前　言

历史的洪流滚滚向前，时代的列车迅猛飞奔。伟大的中国共产党领导中国人民走过了百余年的辉煌历程。

翻开中国革命的史册，哪一页不闪耀着马克思主义中国化时代化的灿烂光辉？回顾我们党100多年的奋斗历程，哪一步不凝聚着中国共产党人的伟大精神？中国共产党就像行船的风、领航的灯。长风送我们冲破千重浪，明灯为我们照亮了万里航程。

中国共产党一经诞生，就把为中国人民谋幸福、为中华民族谋复兴确立为自己的初心使命。100多年来，中国共产党团结带领中国人民进行的一切奋斗、一切牺牲、一切创造，归结起来就是一个主题：实现中华民族伟大复兴。100多年来，党领导人民浴血奋战、百折不挠，不断从胜利走向胜利。习近平总书记指出："中国共产党人带领亿万人民经千难而百折不挠、历万险而矢志不渝，成就了百年大党的恢宏气象。"

毛泽东说：没有中国共产党的努力，没有中国共产党人做中国人民的中流砥柱，中国的独立和解放是不可能的，中国的工业化和农业近代化也是不可能的。

中国共产党领导中国人民经过28年的浴血奋战，推翻了帝国主义、封建主义、官僚资本主义的反动统治，实现了民族独立和人民解放，取得了新民主主义革命的胜利，建立了人民当家作主的新中国，创造了新民主主义革命的伟大成就。中国人民从此站起来了。

中国共产党领导中国人民进行社会主义革命、建设和改革，开创了中国特色社会主义道路，大幅度提高了我国的综合国力、人民生活水平和国际地位，创造了社会主义革命和建设的伟大成就，创造了改革开放和社会主义现代化建设的伟大成就。中国人民从此富起来了。

党的十八大以来，中国特色社会主义进入新时代，以习近平同志为核心的党中央面对世界百年未有之大变局，全面审视国际国内形势，团结带领人民迎难而上，实干苦干，推动党和国家事业取得历史性成就，发生历史性变革。中国人民从此强起来了。

中国共产党成立时，党员只有50多人，面对的是一个积贫积弱、灾难深重、四分五裂的旧中国。今天，拥有9900多万名党员的中国共产党，正引领着一个日益富强民主文明和谐美丽的中国在社会主义现代化征程上奋勇前进。没有共产党，就没有新中国；没有共产党，就没有中国式现代化。

用历史映照现实、远观未来，从中国共产党的百余年百折不挠的奋斗中我们清楚地看到，中国共产党为什么能够成功。

中国共产党领导中国人民取得如此辉煌的成就，与中国共产党独特的优秀品质分不开。中国共产党坚定的理想信念、勇于探索的精神、不懈奋斗的意志、为民服务的情怀、优良的传统作风、自身建设的能力、实事求是的态度、和平的发展道路、世界大同的担当，这些优秀品质就是中国共产党成功的密码，都值得世人学习。

为了讲好中国共产党的故事，我们撰写了本书。第一章、第八章、第九章由韩云川撰写，第二章由韩云川和孙振威撰写，第三章由韩云川和周碧波撰写，第四章、第六章由范会勋撰写，第五章、第七章由周碧波撰写。由于作者水平所限，加之时间仓促，书中缺点、错误在所难免，敬请读者批评指正。

目　录

第一章

博大胆识铁石坚

坚定的理想信念

中国共产党是一个具有崇高理想和坚定信仰的马克思主义政党，是一个为实现中国特色社会主义共同理想和共产主义远大理想而奋斗的政治组织。中国共产党领导中国人民取得今天的成就首先是与其坚定的理想信念分不开的。

一、中国共产党理想信念的由来

理想，是人们对未来美好事物的想象、向往和追求，是人们的世界观、人生观和价值观在奋斗目标上的集中体现。信念是人们确信的理论、观点和看法，支配着人们的行动。理想信念就是人们对未来美好事物的向往和追求并确信可以实现、决心为之奋斗的价值观念。坚定的理想信念是一种强大的精神力量，能够激发人们的积极性、主动性和创造性，鼓舞人们的斗志、激励人们为实现理想的目标而不

《共产党宣言》是照亮中国共产党人理想信念的灯塔。图为《〈共产党宣言〉中文全译本出版一百周年（1920—2020）》纪念邮票（中新图片 / 郝群英）

懈奋斗。

共产主义理想是中国共产党对未来美好社会的想象、向往和追求，是中国共产党在奋斗目标上的集中体现。共产主义信念是中国共产党确信共产主义是可以实现的一种美好社会制度的理论观点和看法。简而言之，中国共产党的理想信念，就是共产主义远大理想和中国特色社会主义共同理想，就是马克思主义的真理信仰。

近代的中国，积贫积弱。自从 1840 年鸦片战争以后，随着国际资本主义、帝国主义势力的侵入，中国社会逐渐沦为半殖民地半封建社会。中国人民遭受帝国主义、封建主义和官僚资本主义的压迫，生活在水深火热之中。为了拯救人民于水火，争取民族独立、人民解放，实现国家独立富强、人民富裕，先进的中国人进行了不屈不挠的斗争。

伟大的革命先行者孙中山领导的辛亥革命，推翻了清王朝，结束了2000多年的封建帝制，使民主共和国的观念走进人们的心中，对促进人们的思想解放，推动中国社会的进步具有重要的意义。但是，辛亥革命以同旧势力的妥协而告终，并没有完成民主革命的任务。中国社会的半殖民地半封建性质并没有改变。无论是国民党，还是其他资产阶级和小资产阶级政治派别，都没有也不可能找到国家和民族的出路。先进的中国人逐渐认识到，要挽救中华民族的危亡，必须寻找新的理论武器，必须找到先进的社会力量。

正如《中共中央关于党的百年奋斗重大成就和历史经验的决议》所指出的：1840年鸦片战争以后，由于西方列强入侵和封建统治腐败，中国逐步成为半殖民地半封建社会，国家蒙辱、人民蒙难、文明蒙尘，中华民族遭受了前所未有的劫难。为了拯救民族危亡，中国人民奋起反抗，仁人志士奔走呐喊，进行了可歌可泣的斗争。太平天国运动、洋务运动、戊戌变法、义和团运动接连而起，各种救国方案轮番出台，但都以失败告终。孙中山先生领导的辛亥革命推翻了统治中国几千年的君主专制制度，但未能改变中国半殖民地半封建的社会性质和中国人民的悲惨命运。中国迫切需要新的思想引领救亡运动，迫切需要新的组织凝聚革命力量。

19世纪末20世纪初，马克思主义开始在中国传播。正当中国人民寻求救国救民真理的时候，俄国十月革命取得了历史性的胜利。十月革命把马克思、恩格斯设想的社会主义变成了现实的社会制度，当时苏维埃俄国政府还发表对华宣言，宣布放弃沙俄时期在中国境内享有的一切特权。这使先进的中国人看到了希望。在十月革命的感召和影响下，马克思主义在中国得到广泛传播。中国的先进分子开始用马克思主义来观察和解决中国革命的具体问题。正如毛泽东所说：“十月革命一声炮响，给我们送来了马克思列宁主义。十月革命帮助了全世界的也帮助了中国的先进分子，用无产阶级的宇宙观作为观察国家命运的工具，重新考虑自己的问题。走俄国人的路——这就是结论。”[①]马克思主义在中国的广泛传播，为中国共产党的成立奠定了思想基础。

1919年5月4日，爆发了以学生为主体的反帝爱国运动——五四运动。第一次世界大战后，战胜国在法国巴黎召开和平会议，讨论处理战后的世界问题。中国是对德宣战的战胜国之一。中国政府代表在全国舆论的压力下，提出了收回山东主权、取消“二十一条”不平等条约等正当要求。1919年4月下旬，巴黎和会在各帝国主义国家的操纵下，悍然决定把战前德国在山东的一切权益交给日本。这个消息在中国人民之中，首先是在知识界和学生中激起了强烈的愤慨。5月4日，北平13所大专学校学生3000余人在天安门集合，示威游行，主张拒绝在和约上签字，要求惩办北洋军阀政府的亲日派官僚曹汝霖、章宗祥、陆宗舆。北洋军阀政府出动军警，逮捕示威群众32人。5月5日，北京学生总罢课，并通电全国，各地学生纷纷罢课响应。学生的爱国行动得到社会各界的支持和响应。从6月5日起，上海工人罢工，商人罢市，支援北京学生的反帝爱国斗争。全国各地工人也相继罢工。旅法华工也参加了拒签和约的斗争。慑于人民群众的压力，北洋军阀政府在6月被迫释放被捕学生，免除曹汝霖、章宗祥、陆宗舆的职务。中国代表拒绝在巴黎和约上签字。五四运动取得重大胜利。五四运动促进了马克思主义同中国工人运动的结合。一批初步具有共产主义思想的先进分子认识到无产阶级的历史使命和强大力量，到工人群众中宣传马克思主义和进行组织工作，开始把马克思

①《毛泽东选集》第四卷，人民出版社1991年版，第1471页。

主义和中国工人运动结合起来。五四运动为中国共产党的成立作了思想上和干部上的准备。

随着帝国主义的入侵和现代工业的发展，中国产生了无产阶级，而且不断发展壮大，到 1919 年，产业工人已经发展到 200 万人左右。无产阶级的产生和发展，为中国建立无产阶级政党奠定了阶级基础。

1920 年初，中国共产党的先驱李大钊、陈独秀等人开始在中国建立无产阶级政党的探索。1920 年 8 月，陈独秀在上海成立了中国共产党的发起组织。10 月，李大钊在北京建立了共产主义小组。此后，山东、湖南、湖北、广东等地相继建立了共产主义小组。与此同时，法国和日本的中国留学生也建立了共产主义组织。

1921 年 6 月，共产国际代表马林抵达上海，在了解中国共产党筹建工作的基本情况后，建议及早召开党的全国代表大会，宣告中国共产党正式成立。

1921 年 7 月 23 日，党的一大在上海开幕。由于会场受到暗探注意和法租界巡捕搜查，会议转移至浙江嘉兴南湖的一条游船上继续举行。党的一大宣告了中国共产党的成立。参加大会的代表是：毛泽东、何叔衡、董必武、陈潭秋、王尽美、邓恩铭、李达、李汉俊、张国焘、刘仁静、陈公博、周佛海。包惠僧受陈独秀派遣，出席了会议。他们代表着全国 50 多名党员。大会通过了《中国共产党第一个纲领》，确定党的名称是“中国共产党”。大会选举陈独秀、张国焘、李达组成中央局，陈独秀为中央局书记。李达为宣传主任，张国焘为组织主任。

中国共产党是为实现共产主义理想而奋斗的马克思主义政党。党的一大通过的《中国共产党第一个纲领》规定，党的奋斗目标是以无产阶级的革命军队推翻资产阶级，由劳动阶级重建国家，直至消灭

中国产生了共产党，这是开天辟地的大事变。图为中共一大会址纪念馆内一大代表群体铜像（中新图片/姚俊）

阶级差别；采用无产阶级专政，以达到阶级斗争的目的——消灭阶级；废除资本家所有制，没收一切生产资料归社会所有。党纲明确提出，把工农劳动者和士兵组织起来，宣传共产主义。

中国共产党是以马克思主义武装起来的，由先进分子所组成的无产阶级政党，不仅代表工人阶级的利益，而且代表广大人民和整个中华民族的利益。中国共产党为中国革命指明了前进的方向，使灾难深重的中国人民看到了光明和希望。正如毛泽东所说，中国产生了共产党，这是开天辟地的大事变。自从有了中国共产党，中国革命的面目就焕然一新了。

1922 年 7 月，党的二大在上海召开。大会分析了国际形势和中国社会半殖民地半封建的性质，阐明了中国革命的性质、动力和对象，制定了党的最低纲领和最高纲领。党的最低纲领，即党在民主革命阶段的主要纲领是：消除内乱，打倒军阀，建设国内和平；推翻国际帝国主义的压迫，达到中华民族完全独立；统一中国为真正的民主共和国。然后再进一步创造条件，以实现党的最高纲领：建立劳农专政的政治，铲除私有财产制度，渐次达到一个共产主义的社会。

崇高的理想、坚定的信念，永远是中国共产党人的政治灵魂。中国共产党从成立之日起，就把共产主义确立为远大理想，始终团结带领中国人民朝着这个伟大理想前行。

毛泽东在《论联合政府》中说："我们共产党人从来不隐瞒自己的政治主张。我们的将来纲领或最高纲领，是要将中国推进到社会主义社会和共产主义社会去的，这是确定的和毫无疑义的。我们的党的名称和我们的马克思主义的宇宙观，明确地指明了这个将来的、无限光明的、无限美妙的最高理想。每个共产党员入党的时候，心目中就悬着为现在的新民主主义革命而奋斗和为将来的社会主义和共产主义而奋斗这样两个明确的目标。"①

党章明确规定，中国共产党是中国工人阶级的先锋队，同时是中国人民和中华民族的先锋队，是中国特色社会主义事业的领导核心，代表中国先进生产力的发展要求，代表中国先进文化的前进方向，代表中国最广大人民的根本利益。党的最高理想和最终目标是实现共产主义。

二、共产主义社会是人类最美好的社会

中国共产党为什么要为实现共产主义而奋斗呢？因为共产主义

①《毛泽东选集》第三卷，人民出版社 1991 年版，第 1059 页。

社会是人类最美好的社会。

自从人类社会进入阶级社会以来，人们希望建立一个没有剥削，没有压迫，人人平等，生活富足，社会和谐的理想社会。在中国古代，人们就有对大同社会的向往。在古希腊，人们就有对理想国的追求。这种对美好社会的向往和追求代代相传，经久不息，是近代社会主义的思想渊源。马克思、恩格斯根据对资本主义社会的研究，提出了未来共产主义社会的理想蓝图，反映了人们共同的美好愿望和追求。

马克思主义认为，在共产主义社会，由于消灭了阶级剥削和压迫，人们成为社会的主人，可以自由发展。

马克思在《资本论》中说："社会化的人，联合起来的生产者，将合理地调节他们和自然之间的物质变换，把它置于他们的共同控制之下，而不让它作为盲目的力量来统治自己；靠消耗最小的力量，在最无愧于和最适合于他们的人类本性的条件下来进行这种物质变换。但是不管怎样，这个领域始终是一个必然王国。在这个必然王国的彼岸，作为目的本身的人类能力的发展，真正的自由王国，就开始了。"① 也就是说，在共产主义社会，由于私有制被消灭，社会化的人在平等地占有生产资料的基础上联合起来，共同去征服物质生产领域这个必然王国。人们由于认识了物质生产领域的客观规律，并顺应客观规律进行活动，因而能够合理地组织社会生产，克服资本主义生产的无政府状态。同时，联合起来的人们能够用最小的劳动消耗来获取最大的物质成果。人们由于对客观世界认识水平的提高和改造客观世界的能力增强，就获得了一定的自由，进入了自由王国。随着人们对必然王国认识的不断提高和改造，自由王国日益繁荣起来。共产主义

① 《马克思恩格斯全集》第25卷，人民出版社1974年版，第926—927页。

马克思（文化传播/供图）

社会为人类不断地从必然王国向自由王国发展开辟了广阔的道路。

在共产主义社会，由于消灭了阶级剥削和压迫，社会占有生产资料，通过社会生产，不仅可能保证一切社会成员有富足的、一天比一天充裕的物质生活，而且还可能保证他们的体力和智力获得充分的、自由的发展和运用。那时，生产劳动不再是奴役人的手段，而成了解放人的手段。

恩格斯在《社会主义从空想到科学的发展》中说，在共产主义社会，“人们周围的、至今统治着人们的生活条件，现在却受到人们的支配和控制，人们第一次成为自然界的自觉的和真正的主人，因为他们已经成为自己的社会结合的主人了……人们自己的社会结合一直是作为自然界和历史强加于他们的东西而同他们相对立的，现在则变成他们自己的自由行动了。一直统治着历史的客观的异己的力量，现在处于人们自己的控制之下了。只是从这时起，人们才完全自觉地自己创造自己的历史；只是从这时起，由人们使之起作用的社会原因才在主要的方面和日益增长的程度上达到他们所预期的结果。这是人类从必然王国进入自由王国的飞跃”[①]。

马克思、恩格斯在《共产党宣言》中指出：“代替那存在着阶级和阶级对立的资产阶级旧社会的，将是这样一个联合体，在那里，每

①《马克思恩格斯全集》第19卷，人民出版社1963年版，第245页。

个人的自由发展是一切人的自由发展的条件。”[①]这是对未来共产主义社会本质的高度概括。

以往的社会（原始社会除外），都是建立在人压迫人、人奴役人、人剥削人的基础之上的，一部分人的解放是建立在对大多数人奴役和压迫的基础之上的，少数人的自由发展是以多数人受奴役、受压迫为代价的。而社会主义（共产主义）社会要消灭一切人奴役人、人压迫人的现象，实现人的解放，使人获得自由发展。可以这样说，人的自由发展是社会主义（共产主义）社会与一切旧社会的本质区别。

人要想得到自由发展至少需要如下几个条件。

首先是物质基础。人的自由发展首先需要有基本的生活保障，即我们通常所说的衣、食、住、行、用的保障。如果一个人的生存都没有保障，那么自由发展就是一句空话。因此，人的自由发展的首要条件是生产力的高度发展。只有生产力的高度发展、物质财富的源泉充分涌流，才能为人的自由发展提供充分的物质基础。共产主义社会就是生产力高度发展的社会，就是物质财富充分涌流的社会。

其次是时间保证。人的自由发展需要有自由支配的时间。如果一个人整天为工作所累，没有闲暇的时间，那也根本谈不上自由发展。马克思在《资本论》中说：“这个自由王国只有建立在必然王国的基础上，才能繁荣起来。工作日的缩短是根本条件。”[②]在共产主义社会，由于人们受教育程度提高，科学技术高度发展，社会生产力水平极大提高，人们用于劳动的时间大大缩短，闲暇的时间越来越多。

---

①《马克思恩格斯文集》第2卷，人民出版社2009年版，第53页。

②《马克思恩格斯文集》第7卷，人民出版社2009年版，第929页。

这就为人的自由发展提供了时间上的保证。

最后是社会环境。人的自由发展离不开自由的社会环境。这就需要建立没有剥削，没有压迫，人人平等的社会，需要建立有利于人的自由发展的制度、体制、机制。人们可以自由地从事经济活动、政治活动以及其他各项社会活动。社会给了你这样一个平台。这样社会就能够保证每个人都有可能发挥自己的天赋，每个人都有可能为社会作出最大的贡献。这样的社会当然是具有活力的社会。共产主义社会就是这样的社会。

中国共产党就是要为建立这样美好的社会而奋斗。刘少奇在《论共产党员的修养》中说："我们共产党员最基本的责任是什么呢？就是要实现共产主义。对于各国共产党来说，就是要经过各国共产党和各国人民自己的手，去改造自己的国家，从而一步一步地把世界改造成为共产主义的世界。共产主义世界好不好呢？大家知道，那是很好的。在那种世界里，没有剥削者、压迫者，没有地主、资本家，没有帝国主义和法西斯蒂等，也没有受压迫、受剥削的人，没有剥削制度造成的黑暗、愚昧、落后等。在那种社会里，物质生产和精神生产都有高度的蓬蓬勃勃的发展，能够满足所有社

为了人民的利益，中国共产党人信仰共产主义，以共产主义社会为最高理想和最终目标。图为中共一大会址纪念馆内"主义的抉择"展示区（中新图片/仲雁铭）

会成员的各方面的需要。那时，人类都成为有高等文化程度和技术水平的、大公无私的、聪明的共产主义劳动者，人类中彼此充满了互相帮助、互相亲爱，没有尔虞我诈、互相损害、互相残杀和战争等等不合理的事情。那种社会，当然是人类历史上最好的、最美丽的、最进步的社会。”“我们的责任，就是要遵循人类社会发展的规律，推动社会主义和共产主义事业不断前进，使社会主义和共产主义社会更快地实现。这就是我们的理想。”

三、中国共产党理想信念的科学基础

中国共产党把实现共产主义作为最高理想和最高目标绝不是自己的主观臆想，而是建立在科学的基础之上的。

习近平总书记指出：“坚定的理想信念，必须建立在对马克思主义的深刻理解之上，建立在对历史规律的深刻把握之上。全党要深入学习马克思列宁主义、毛泽东思想、邓小平理论、‘三个代表’重要思想、科学发展观，深入学习党的十八大以来党中央治国理政新理念新思想新战略，不断提高马克思主义思想觉悟和理论水平。”①

马克思主义揭示了人类社会发展的客观规律，揭示了社会主义代替资本主义的历史趋势。马克思主义告诉我们，人类社会的变更都是生产关系不断适应生产力的性质和状况的结果。资本主义社会存在着自身无法克服的基本矛盾。

资本主义的基本矛盾是生产的社会化与资本主义私人占有之间的矛盾。生产的社会化包含三层含义：一是生产资料的社会化，生产

① 习近平：《在庆祝中国共产党成立95周年大会上的讲话》，《人民日报》2016年7月2日。

德国特里尔马克思雕像。该雕像由中国赠送

资料从个人使用变为由许多人共同使用；二是生产过程的社会化，生产过程从分散的个人行动变为许多人共同协作的社会行动；三是产品的社会化，产品从个人的劳动成果变为社会的劳动成果。生产的社会化大大提高了劳动生产率，社会生产力以前所未有的速度向前发展。

生产的社会化与资本主义私人占有方式是不相容的。社会化的生产力客观上要求社会占有和支配生产资料，以便对社会生产实行调节，并由社会全体成员共同享有社会劳动成果。只有这样，才能保持社会生产与消费之间的平衡、供给与需求的平衡，社会总产品才能顺利实现。但是，在资本主义制度下，生产资料和产品被资本家占有，生产的社会化与资本主义私人占有之间的矛盾日益尖锐起来。

资本主义基本矛盾在经济生活中表现为单个企业生产的有组织性和整个社会生产的无政府状态之间的矛盾，以及资本主义生产具有无限扩大的趋势和劳动人民有支付能力的需求相对缩小之间的矛盾。

资本主义生产的目的是最大限度地追求利润。为了这个目的，资本家总是在自己的企业中精心组织生产，尽可能地采用先进技术装备，以提高劳动生产率。因此，每个企业都组织得很严密，生产效率很高。但是，整个社会的生产处于无政府状态，市场上什么产品赚钱，资本家就竞相生产什么产品。这就必然使有些产品供过于求，使社会生产在客观上要求的比例关系遭到破坏。同时，资本家为了榨取更多的剩余价值，总是尽可能少地支付劳动者的报酬，再加之由于资本主义竞争使中小资产者破产和大批工人失业，这样，社会有支付能力的需求就相对缩小。于是，社会总产品的实现条件遭到破坏，这就必然导致周期性生产过剩的经济危机。1825 年，英国爆发第一次经济危机。此后每隔 10 年左右就爆发一次经济危机。1836 年，英国爆发全国性经济危机。1847 年的经济危机波及欧美其他国家。在经济危机期间，产品销售不出去，信用受到破坏，大批工厂关门，许多银行倒闭，工人失业，社会生产力遭到极大的破坏，整个社会就像发生了一场瘟疫一样。周期性的经济危机表明，资本主义生产关系逐渐成为生产力发展的桎梏，生产力的发展客观上要求变革资本主义的生产关系，以社会占有生产资料来调节社会的生产和分配。

资本主义基本矛盾在阶级关系上表现为无产阶级与资产阶级的对立和斗争。无产阶级是不占有任何生产资料、完全靠出卖自己的劳动力为生的阶级。资产阶级是占有生产资料并利用这种占有剥削工人创造的剩余价值的阶级。无产阶级与资产阶级是一对孪生子，又是一对天然的仇敌。无产阶级与资产阶级矛盾的发展必然导致无产阶级反对资产阶级的革命斗争。无产阶级在反对资本主义的斗争中，必然建立自己的政党，在自己政党的领导下，卓有成效地开展反对资本主义的斗争，对社会进行革命改造，建立社会主义和共产主义社会。只有这样，才能从根本上解决资本主义的基本矛盾。也就是说，社会主义代替资本主义是不以人的意志为转移的客观规律。共产主义社会是人类社会发展的必然趋势。

中国共产党坚信马克思主义的真理性。马克思主义是中国共产党人的信仰。马克思主义为人们认识世界、改造世界提供了强大的思想武器。中国共产党坚信，经过共产党领导人民群众进行长期不懈的努力，共产主义社会制度必将取代资本主义制度，这是不以人们的意志为转移的客观规律。

中国共产党以马克思主义为指导，并结合历史和现实的实际，不断丰富和发展马克思主义，正确认识人类社会发展的历史进程，从而坚定了共产主义信念。

20 世纪 80 年代末 90 年代初苏联解体、东欧剧变时，邓小平就坚信："世界上赞成马克思主义的人会多起来的，因为马克思主义是科学。"①

四、远大理想与共同理想

中国共产党是为了实现共产主义远大理想而奋斗的无产阶级政党，但共产主义的远大理想不是一朝一夕就能实现的，而是要经过长期艰苦奋斗，经过若干个阶段性的理想才能最终实现。与远大理想相比，阶段性的理想更为具体，它可以成为一定历史时期人们所普遍追求的比较切近的理想目标。中国特色社会主义共同理想就是一个具体的阶段性的理想。建设中国特色社会主义，把我国建设成为富强民主

① 《邓小平文选》第三卷，人民出版社 1993 年版，第 382 页。

文明和谐美丽的社会主义现代化强国，就是现阶段我国各族人民的共同理想。这个共同理想集中地代表了我国各族人民的共同利益和愿望。实现我国现阶段的共同理想，建设中国特色社会主义，是实现共产主义远大理想的必经阶段。

我们党正式提出“共同理想”这个概念是在党的十二届六中全会上。党的十二届六中全会通过的《中共中央关于社会主义精神文明建设指导方针的决议》指出，我们现在建设和发展有中国特色的社会主义，最终目的是实现共产主义，“用共同理想动员和团结全国各族人民”“建设有中国特色的社会主义，把我国建设成为高度文明、高度民主的社会主义现代化国家，这就是现阶段我国各族人民的共同理

中国共产党之所以叫共产党，就是因为从成立之日起她就把共产主义确立为自己的远大理想。图为中国共产党历史展览馆西侧广场上的《信仰》雕塑（中新图片 / 陈晓根）

想”。这个决议要求正确处理最高理想和共同理想的关系。共产党员尤其是党员领导干部要坚定共产主义信念，为共产主义而奋斗，在全民族牢固树立建设有中国特色社会主义的共同理想。党的十五大报告指出，社会主义初级阶段就是在社会主义基础上实现中华民族伟大复兴的历史阶段。中国正处在这个历史阶段。实现中国特色社会主义的共同理想是实现共产主义远大理想的必经阶段。这就是说，中国共产党把实现共产主义的远大理想与实现中国特色社会主义的共同理想结合起来。

五、坚定的理想信念是中国共产党人一往无前的精神动力

中国共产党的先驱者们坚信将来的环球，必是赤旗的世界。他们正是靠着这种坚定的理想信念，才创建了中国共产党。

理想信念为中国共产党指明了前进的根本方向。毛泽东说过：“主义譬如一面旗子，旗子立起了，大家才有所指望，才知所趋赴。”[①]

对马克思主义的信仰，对社会主义和共产主义的信念，是共产党人的政治灵魂，是共产党人经受住各种考验的精神支柱。只有理想信念坚定的人，才能始终不渝、百折不挠，不管风吹雨打，不怕千难万险，坚定不移地为实现既定目标而奋斗。共产主义的理想信念为中国共产党提供了一往无前的精神动力。正是因为有了坚定的理想信念，中国共产党才能带领全国人民战胜一切艰难险阻，不断从胜利走向胜利。

---

① 中共中央文献研究室编：《毛泽东年谱（1893—1949）》上卷，人民出版社、中央文献出版社 1993 年版，第 71 页。

在革命战争年代，中国共产党的老一辈革命家靠着坚定的理想信念，走上革命道路，开展艰苦卓绝的斗争。

毛泽东后来回忆说："记得我在一九二〇年，第一次看了考茨基著的《阶级斗争》，陈望道翻译的《共产党宣言》，和一个英国人作的《社会主义史》，我才知道人类自有史以来就有阶级斗争，阶级斗争是社会发展的原动力，初步地得到认识问题的方法论。"[①]正是由于对共产主义的信仰，对马克思主义的坚定信念，毛泽东毕生都为共产主义事业而奋斗。

刘少奇等人也是如此。1920 年，上海共产主义小组为了培养党的干部，在上海创办了外国语学社。学社以进步青年为培养对象，刘少奇、任弼时、罗亦农、萧劲光等都曾是学社的学生。学社一方面开设外语课，主要是俄语，以便让学生到苏联去留学，同时也开设马克思主义课程。马克思主义对这些进步青年的影响极大。刘少奇就是因为信仰马克思主义而走上革命道路的。刘少奇曾回忆说："那时我还没有参加共产党，我在考虑入不入党的问题。当时我把《共产党宣言》看了又看，看了好几遍……从这本书中，我了解共产党是干什么的，是怎样的一个党……经过一段时间的深思熟虑，最后决定参加共产党，同时也准备献身于党的事业。"[②]他长期在白区工作，条件极其险恶，但对共产主义的信念从未动摇过。

周恩来也是中国共产党早期接受马克思主义的人之一。1919 年，他还在日本留学时，就通过日本的河上肇创办的《社会问题研究》了解了《共产党宣言》一书。1920 年 10 月赴法留学，周恩来和当时先

---

①《毛泽东文集》第二卷，人民出版社 1993 年版，第 378—379 页。

② 黄祖琳：《青年刘少奇》，中央文献出版社 2012 年版，第 95 页。

行留法的蔡和森等人一起继续学习《共产党宣言》，接受并信仰马克思主义。周恩来说：我认的主义一定是不变了，并且很坚决地要为它宣传奔走。他表示在任何艰难困苦的情况下，都要以誓死不变的精神为共产主义奋斗到底。周恩来的一生就是为共产主义事业奋斗的一生。

朱德于1922年9月到达法国，10月到达德国，11月由周恩来介绍入党。他曾回忆道：正是在柏林支部，才第一次看到陈望道翻译的《共产党宣言》，从此开始走上了新的革命旅程。朱德经历过旧民主主义革命的失败，从切身体验中认识到，旧的道路走不通了，只有马克思主义才是解决中国问题的真理。在确立马克思主义信仰、树立为共产主义事业奋斗的崇高理想后，无论面对什么样的艰难险阻和重大挫折，他始终没有动摇。

参加过辛亥革命的共产党人林伯渠在回顾自己的思想发展历程时说："辛亥革命前觉得只要把帝制推翻便可以天下太平，革命以后经过多少挫折，自己所追求的民主还是那样的遥远，于是慢慢的从痛苦经验中，发现了此路不通，终于走上了共产主义的道路。"①

据李维汉回忆，他读了马克思、恩格斯的著作《共产党宣言》后才明白，只有走十月革命道路才能达到改造中国和世界的目的。邓小平也是在法国勤工俭学时接受马克思主义的。他确立了共产主义理想信念后，毕生都在为共产主义事业而奋斗。

此外，恽代英、刘志丹、董必武、邓子恢、彭德怀、贺龙等，也都是因为接受马克思主义而走上革命道路的。彭德怀讲得很具有代表性："以前我只是对社会不满，看不到有什么进行根本改革的希望。

---

① 中共中央文献研究室、中央档案馆编：《建党以来重要文献选编（1921—1949）》第十八册，中央文献出版社2011年版，第647页。

在读了《共产党宣言》以后，我不再悲观，开始怀着社会是可以改造的新信念而工作。”[①]彭德怀的一生就是怀着共产主义的新信念而工作的。

万里从青年时代就志存高远，关心国家和民族前途命运，一心寻求救国救民的真理。经过深入思考和探索，他确立了对马克思主义的信仰，树立起共产主义远大理想，加入了中国共产党。他一生坚守马克思主义信仰，坚持共产主义理想信念，对中国特色社会主义充满信心。

在革命战争年代，许多革命先烈之所以在面对敌人的屠刀时能够视死如归，就是因为他们坚信自己信仰的主义乃是宇宙的真理。

在井冈山革命根据地，当有红军将领对红旗到底能打多久产生疑问时，当时的红军领袖毛泽东在回信中深刻阐明了中国红色政权为什么能够存在、星星之火可以燎原的道理，并对革命的前途充满了信心。他说：“它是站在海岸遥望海中已经看得见桅杆尖头了的一只航船，它是立于高山之巅远看东方已见光芒四射喷薄欲出的一轮朝日，它是躁动于母腹中的快要成熟了的一个婴儿。”[②]正是这种对革命前途的信心支撑着、鼓舞着红军将士进行不屈不挠的斗争。

中国共产党靠着坚定的理想信念，领导中国人民经过28年的浴血奋战，推翻了帝国主义、封建主义、官僚资本主义的反动统治，实现了民族独立和人民解放，取得了新民主主义革命的彻底胜利，成立了人民当家作主的新中国。

中国共产党靠着坚定的理想信念，领导中国人民进行社会主义

---

①［美］埃德加·斯诺：《西行漫记》，董乐山译，东方出版社2005年版，第227页。

②《毛泽东选集》第一卷，人民出版社1991年版，第106页。

革命和建设，确立了社会主义基本制度，建立了独立的比较完整的工业体系和国民经济体系，取得了社会主义革命和社会主义建设的伟大胜利。

中国共产党靠着坚定的理想信念，领导中国人民通过改革开放和社会主义现代化建设，开创了中国特色社会主义道路，大幅度提高了我国的综合国力、人民生活水平和国际地位，取得了改革开放和社会主义现代化建设的重大成就。

没有共产党，就没有新中国；没有共产党，就没有中国社会主义现代化，这是中国人民从长期奋斗中得出的基本结论。

六、“四个自信”是中国共产党理想信念的当代体现

习近平总书记说：“我们要把共产主义远大理想同中国特色社会主义共同理想统一起来、同我们正在做的事情统一起来，坚定道路自信、理论自信、制度自信、文化自信，不为任何风险所惧，不为任何干扰所惑，始终坚守共产党人的理想信念，不负共产党人的光荣称号。”①

在新的历史条件下，中国共产党坚定的理想信念具体化为“四个自信”，这就是道路自信、理论自信、制度自信、文化自信。

道路自信就是对中国特色社会主义道路的自信，就是对中国发展前途的自信。中国特色社会主义道路，就是在中国共产党领导下，

① 习近平：《学习马克思主义基本理论是共产党人的必修课》，《求是》2019 年第 22 期。

立足基本国情，以经济建设为中心，坚持四项基本原则，坚持改革开放，解放和发展社会生产力，建设社会主义市场经济、社会主义民主政治、社会主义先进文化、社会主义和谐社会、社会主义生态文明，促进人的全面发展，逐步实现全体人民共同富裕，建设富强民主文明和谐美丽的社会主义现代化国家。中国特色社会主义道路是中国共产党人把马克思主义的普遍真理与中国社会主义建设的实际情况相结合探索出来的适合中国社会主义建设的道路。这是实现社会主义现代化的必由之路，是中国走向繁荣富强的必由之路，是中华民族伟大复兴的必由之路，是历史和人民的选择。《中共中央关于党的百年奋斗重大成就和历史经验的决议》明确指出，中国特色社会主义道路是创造人民美好生活、实现中华民族伟大复兴的康庄大道。坚定不移走中国特色社会主义道路，就一定能够把我国建设成为富强民主文明和谐美丽的社会主义现代化强国。

理论自信就是对马克思主义理论的自信，就是对中国化的马克思主义的自信，就是对共产主义远大理想与中国特色社会主义共同理想的信念。中国共产党在领导中国人民进行革命、建设和改革的历史过程中把马克思主义的普遍真理与中国的实际情况相结合，形成了毛泽东思想和中国特色社会主义理论体系——邓小平理论、“三个代表”重要思想、科学发展观和习近平新时代中国特色社会主义思想。这些马克思主义中国化新成果，正确回答了中国革命、建设以及改革开放的一系列重大问题。特别是中国特色社会主义理论体系，系统地回答了什么是社会主义、怎样建设社会主义，建设什么样的党、怎样建设党，实现什么样的发展、怎样实现发展以及在新时代坚持和发展什么样的中国特色社会主义、怎样坚持和发展中国特色社会主义等根本问题，深化了对中国共产党执政规律、中国社会主义建设规律、人

只有社会主义才能救中国，只有中国特色社会主义才能发展中国，全党必须高举中国特色社会主义伟大旗帜，牢固树立“四个自信”。图为中共中央党校（国家行政学院）内的《旗帜》雕塑（江湖雨/供图）

类社会发展规律的认识，是中国社会主义现代化建设的理论指导。

制度自信就是对中国特色社会主义制度优越性的自信。中国特色社会主义制度，就是人民代表大会制度的根本政治制度，中国共产党领导的多党合作和政治协商制度、民族区域自治制度以及基层群众自治制度等基本政治制度，中国特色社会主义法律体系，公有制为主体、多种所有制经济共同发展的基本经济制度，以及建立在这些制度基础上的经济体制、政治体制、文化体制、社会体制等各项具体制度。中国特色社会主义制度是适合中国国情的社会制度。这种社会制度能够保持党和国家活力、调动广大人民群众和社会各方面的积极性、主动性、创造性，能够促进中国社会生产力的发展，能够促进社会的公平正义，能够维护社会稳定，最大限度地保障人民群众的自由平等权利和人身财产权利，实现全体人民共同富裕，有利于集中力量办大事、有效应对前进道路上的各种风险挑战，有利于维护民族团结、社会稳定、国家统一。建设中国特色社会主义伟大事业取得今天的成就，充分证明了社会主义制度的优越性。

《中共中央关于党的百年奋斗重大成就和历史经验的决议》明确指出：坚定中国特色社会主义制度自信首先要坚定对中国特色社会主义政治制度的自信，建设社会主义民主政治，发展社会主义政治文明，必须使中国特色社会主义政治制度深深扎根于中国社会土壤。

文化自信就是对中国特色社会主义文化先进性的自信。中国特色社会主义文化是在中华优秀传统文化的基础上发展起来的。中国特色社会主义文化就是坚持为人民服务、为社会主义服务的方向，坚持百花齐放、百家争鸣的方针，坚持贴近实际、贴近生活、贴近群众的原则，推动社会主义精神文明和物质文明全面发展，建设面向现代化、面向世界、面向未来的，民族的科学的大众的社会主义文化。文化自信集中体现在社会主义核心价值观上。建设社会主义文化强国，关键是增强全民族文化创造活力，用社会主义核心价值体系引领社会思潮、凝聚社会共识。党的十九大报告指出，文化自信是一个国家、一个民族发展中更基本、更深沉、更持久的力量。必须坚持马克思主义，牢固树立共产主义远大理想和中国特色社会主义共同理想，培育和践行社会主义核心价值观，不断增强意识形态领域主导权和话语权，推动中华优秀传统文化创造性转化、创新性发展，继承革命文化，发展社会主义先进文化，不忘本来、吸收外来、面向未来，更好构筑中国精神、中国价值、中国力量，为人民提供精神指引。

《中共中央关于党的百年奋斗重大成就和历史经验的决议》指出：文化自信是更基础、更广泛、更深厚的自信，是一个国家、一个民族发展中最基本、最深沉、最持久的力量，没有高度文化自信、没有文化繁荣兴盛就没有中华民族伟大复兴。

党的二十大报告进一步指出：把马克思主义思想精髓同中华优秀传统文化精华贯通起来、同人民群众日用而不觉的共同价值观念融通起来，不断赋予科学理论鲜明的中国特色，不断夯实马克思主义中国化时代化的历史基础和群众基础，让马克思主义在中国牢牢扎根。不断提升国家文化软实力和中华文化影响力。

总之，马克思主义信仰、共产主义远大理想、中国特色社会主义共同理想，是中国共产党人的精神支柱和政治灵魂，也是保持党的团结统一的思想基础。正是有着坚定理想信念的中国共产党领导中国人民不断从胜利走向胜利。

习近平总书记在庆祝中国共产党成立 100 周年大会上的讲话中代表党中央号召全体中国共产党党员，牢记初心使命，坚定理想信念，践行党的宗旨，永远保持同人民群众的血肉联系，始终同人民想在一起、干在一起，风雨同舟、同甘共苦，继续为实现人民对美好生活的向往不懈努力，努力为党和人民争取更大光荣！

第二章 雄关漫道真如铁

勇于探索的精神

中国共产党是一个具有勇于探索精神的党。中国共产党在领导中国人民进行革命、建设和改革的实践中，成功探索出中国革命的道路和中国社会主义建设的道路。这就是以农村包围城市、武装夺取政权的中国革命道路和中国特色社会主义的建设道路。

一、“农村包围城市、武装夺取政权”的道路

以毛泽东同志为主要代表的中国共产党人在领导中国革命的实践中，把马克思主义基本原理同中国具体实际相结合，成功地探索出了一条“农村包围城市、武装夺取政权”的中国革命道路。

（一）中国革命道路探索的背景

中国共产党诞生于半殖民地半封建的中国。中国共产党诞生后，

首先面临的是反帝反封建的民主革命任务。1924 年至 1927 年，中国共产党全力推动了第一次国内革命战争。但在 1927 年春夏之交，由于蒋介石和汪精卫相继叛变革命，轰轰烈烈的大革命宣告失败。据不完全统计，从 1927 年 3 月到 1928 年上半年，被杀害的共产党员和革命群众达 31 万多人，其中共产党员达 2.6 万人。

国民党政权仍然是一个代表大地主大资产阶级利益的专制独裁政权。中国仍然是一个半殖民地半封建的国家。中国人民反帝反封建的民主革命任务没有完成。中国共产党必须领导中国人民继续进行反帝反封建的民主革命。要完成反帝反封建的民主革命任务，中国革命究竟应该走什么道路？是像有些资本主义国家那样，通过议会道路取得政权，还是像苏维埃俄国那样，先争取群众然后再举行城市武装起义夺取政权？还是可以走别的道路？这是摆在中国共产党面前急需解决的问题。中国共产党就是在这种背景下探索中国革命道路的。

（二）中国革命道路的探索过程

第一，革命根据地的建立。中国共产党对中国革命道路的探索从蒋介石叛变革命后就开始了。1927 年 4 月 27 日至 5 月 9 日，中国共产党第五次全国代表大会在武汉举行。大会强调了争取无产阶级领导权、建立革命民主政权和实行土地革命的重要性，但对于无产阶级如何争取革命领导权，如何领导农民实行土地革命，如何对待武汉政府和武汉国民党，特别是如何建立党领导的革命武装等问题，都没有根据当时的危急局势，提出有效的具体措施。

1927 年 7 月 4 日，中共中央召开政治局常委扩大会议。陈独秀主张：国民革命军招兵时，农民协会的会员和自卫武装可应征加入。

毛泽东指出："不保存武力则将来一到事变我们即无办法。"[①]毛泽东还主张"上山"，并预料上山可以造成军事势力的基础。这可以说是以农村包围城市、武装夺取政权的思想的萌芽。

在汪精卫背叛革命后，面对国民党的屠杀政策，中共中央决定实行武装反抗国民党的方针，在南昌举行武装起义。

1927年8月1日，根据中共中央的决定，在以周恩来为书记的中共前敌委员会和贺龙、叶挺、朱德、刘伯承等领导下，党所掌握和影响的国民革命军等武装2万余人，在南昌举行武装起义。这次起义打响了武装反抗国民党反动派的第一枪，标志着中国共产党独立地领导革命战争、创建人民军队和武装夺取政权的开始。这次起义举起了土地革命的旗帜。《兼代第二方面军总指挥贺龙告全体官兵书》明确宣布：此次革命行动，是为实行土地革命，解决农民问题而奋斗。由于缺乏经验，没有与江西、湖南、湖北等省的农民运动结合，起义部队在南下途中，遭到优势敌军的围攻而失败。这时，中央以及起义的领导者总结经验教训，提出到农村去，发动农民，开展游击战争。保存下来的武装，一部分转移到海陆丰地区，继续坚持斗争；另一部分在朱德、陈毅率领下转移到粤赣湘边界地区打游击。

1927年8月7日，中国共产党在汉口召开了紧急会议，史称"八七会议"。会议就国共两党关系、土地革命、武装斗争等问题进行了讨论。会议纠正了以陈独秀为代表的右倾机会主义错误，确立了实行土地革命和武装起义的方针，并把发动农民举行秋收起义作为当时党的主要任务。会上，许多同志发言总结大革命的经验教训。

---

① 中共中央文献研究室编：《毛泽东年谱（1893—1949）》上卷，人民出版社、中央文献出版社1993年版，第205页。

江西南昌起义总指挥部旧址（李建新/供图）

毛泽东在发言中除了批判陈独秀的右倾错误外，还提出两个非常重要的问题：一是要高度重视军事运动。他批评说，党过去不做军事运动专做民众运动，现在虽已注意，但仍无坚决的概念。因而，他提出“以后要非常注意军事。须知政权是由枪杆子中取得的”[①]。二是关于农民土地问题。他提出应当规定大中地主的标准，并建议以50亩为限，50亩以上不管肥田瘦田通通没收。对自耕农的富农、中农的地权应有不同的规定，要确定方向。这个建议符合当时湘、鄂、赣、粤一带的土地情况，为日后制定正确的土地革命路线初步奠定了认识上的基础。

1927年9月，毛泽东和湖南省委前敌委员会领导湘赣边界秋收

①《毛泽东军事文集》第一卷，军事科学出版社、中央文献出版社1993年版，第2页。

起义。起义部队分别从江西省的修水、安源、铜鼓等地出发，会同湖南省平江、浏阳地区的农军，准备会攻长沙。由于起义军在战斗中失利，毛泽东率起义部队到浏阳的文家市集中，决定放弃攻打长沙的计划，并于 20 日带领部队撤离湘东地区，沿罗霄山脉向南转移。9 月 29 日，起义部队 1000 人左右到达江西省永新县的三湾村进行改编。经过改编，起义军从一个师缩编为一个团；党在部队中建立了各级组织，特别是把支部建在连上，加强了党对军队的领导。10 月，起义军到达井冈山，开始了创建以宁冈为中心的井冈山农村革命根据地的斗争。1928 年 4 月，朱德、陈毅率领南昌起义保留下来的部队和湘南起义农军到达井冈山，与毛泽东领导的秋收起义部队会师。会师后的两支部队合编为工农革命军第四军（后根据中共中央指示改称为红军第四军），朱德任军长，毛泽东任党代表。

随着斗争的发展，党创建了众多的农村革命根据地。除了中央革命根据地外，还有湘鄂西、海陆丰、鄂豫皖、琼崖、闽浙赣、湘鄂赣、湘赣、左右江、川陕、陕甘、湘鄂川黔等根据地，建立了工农红军第一、第二、第四方面军和其他许多红军部队。

井冈山被誉为中国革命的摇篮，是以毛泽东同志为主要代表的中国共产党人探索工农武装割据，走农村包围城市、夺取全国政权革命道路的起点。

第二，“工农武装割据”思想的产生。在井冈山革命斗争时期，毛泽东思考了中国革命道路的问题，形成了工农武装割据的思想。

1928 年 10 月至 11 月间，毛泽东根据农村革命根据地斗争的经验，先后写成了《中国的红色政权为什么能够存在？》和《井冈山的斗争》两篇重要文章。在这两篇文章中，毛泽东论证了中国红色政权发生和发展的原因和条件，回答了红军和农村革命根据地存在和发展

革命摇篮井冈山（中新图片 / 钟欣）

的可能性，对一年多来井冈山革命斗争的经验教训进行了总结，提出了工农武装割据的思想。

毛泽东先分析了中国红色政权能够存在和发展的原因。“第一，它的发生不能在任何帝国主义的国家，也不能在任何帝国主义直接统治的殖民地，必然是在帝国主义间接统治的经济落后的半殖民地的中国。”[①]也就是说，由于政治经济发展的不平衡，帝国主义的分裂政策导致军阀年年混战，给革命力量的发展以可乘之机。与此同时，农村自给自足的经济条件使小块红色政权可以不依赖于城市而生存。“第二，中国红色政权首先发生和能够长期地存在的地方，不是那种并未经过民主革命影响的地方。”“至于此刻的红军，也是由经过民主的政治训练和接受过工农群众影响的国民革命军中分化出来的。”[②]也就是说，第一次大革命在中国广大地区特别是南方各省的群众中发生了广

①《毛泽东选集》第一卷，人民出版社 1991 年版，第 49 页。

②《毛泽东选集》第一卷，人民出版社 1991 年版，第 49、50 页。

泛影响，使红色政权的存在和发展有了一定的群众基础。“第三，小地方民众政权之能否长期地存在，则决定于全国革命形势是否向前发展这一个条件……这些红色区域将继续发展，日渐接近于全国政权的取得。”[①]也就是说，中国民主革命的任务没有完成，全国革命形势会继续向前发展。随着革命形势的不断发展，最后会接近于取得全国政权。“第四，相当力量的正式红军的存在，是红色政权存在的必要条件。”[②]也就是说，必须掌握相当力量的革命武装，农村根据地的红色政权有相当数量的红军保卫着。“第五，红色政权的长期的存在并且发展，除了上述条件之外，还须有一个要紧的条件，就是共产党组织的有力量和它的政策的不错误。”[③]也就是说，红色政权需要共产党坚强有力的领导，只要共产党的组织是坚强有力的，而且采取正确的政策和策略，就能巩固根据地的政权并不断发展壮大。

毛泽东又对工农武装割据思想的内容作了系统的阐述。工农武装割据就是在中国共产党的领导下，以武装斗争为主要形式，以土地革命为基本内容，以农村革命根据地为依托，三者密切配合。

武装斗争是开展土地革命，建立、巩固、发展农村革命根据地的有力工具。没有武装斗争，就不能推翻反动政权，建立红色政权。没有武装斗争的胜利和坚持，就不能有效地进行土地革命，当然也就不能保卫土地革命的成果。毛泽东提出要用大力气做军事运动。

土地革命是反封建的民主革命的主要内容。没有土地革命，或土地革命的政策不正确就得不到广大农民群众的支持，武装斗争就会失败。只有通过土地革命满足广大农民群众的基本要求，才能充分发

---

①《毛泽东选集》第一卷，人民出版社 1991 年版，第 50 页。

②《毛泽东选集》第一卷，人民出版社 1991 年版，第 50 页。

③《毛泽东选集》第一卷，人民出版社 1991 年版，第 50 页。

动农民积极参加革命斗争，红色政权才能得到广大农民群众的衷心拥护而获得巩固。

根据地则是进行武装斗争和开展土地革命的基地，没有巩固的根据地及红色政权，土地革命就不能正常进行，武装斗争就没有后方的依托，土地革命成果就无法保持。

因此，武装斗争、土地革命、根据地建设三者紧密相连，缺一不可。

1928 年 11 月，中共中央政治局在向共产国际的报告中充分肯定了井冈山革命根据地的斗争："惟朱毛在湘赣边境所影响之赣西数县土地革命确实深入了群众。"①

工农武装割据的思想，初步解决了半殖民地半封建的中国，在敌强我弱的情况下，无产阶级及其政党如何进行革命斗争、如何壮大革命力量，为最终夺取政权创造条件的问题，从而为开辟农村包围城市、武装夺取政权的道路奠定了理论基础。

当时在红军将领中出现了悲观情绪，提出了红旗到底能打多久的疑问，1930 年 1 月 5 日，毛泽东写了《星星之火，可以燎原》一文，批评那种不愿做艰苦工作创建农村革命根据地的错误倾向，指出只有中国工农红军和红色区域的建立和发展，才是半殖民地农民斗争的最高形式和促进全国革命高潮的重要因素，星星之火，必将燎原。那种先争取群众然后再举行全国武装起义夺取政权的理论，是与中国革命的实情不适合的。毛泽东在这封信中，总结各个革命根据地的经验，发展了工农武装割据的思想，开始形成了以农村包围城市，在农村地区先建立和发展红色政权，待条件成熟时再夺取全国政权的关于

① 金冲及主编：《毛泽东传（1893—1949）》，中央文献出版社2004年版，第196页。

中国革命道路的理论。这是对于马克思列宁主义关于武装夺取政权理论的重大发展。

1929 年至 1930 年上半年，国民党新军阀年年混战，中国共产党领导的革命武装力量获得了很大的发展。红军发展到 14 个军，人数达到 10 万人。赤卫队也达到 10 余万人。全国建立了十多块革命根据地。农村出现了星火燎原的大好形势。

第三，中国革命道路理论的进一步发展和完善。在抗日战争中，毛泽东进一步发展和完善了农村包围城市、武装夺取政权的理论。

1938 年 10 月，毛泽东在《论新阶段》中说："在今天的半殖民地大国如中国，存在着许多优良条件，利于我们组织坚持的长期的广大的战争，去反对占领城市的敌人，用犬牙交错的战争，将城市包围起来，孤立城市，从长期战争中逐渐生长自己力量，变化敌我形势，再配合之以世界的变动，就能把敌人驱逐出去而恢复城市。"①

1938 年 11 月，毛泽东在《战争和战略问题》中总结了西方国家和俄国革命的经验。这些国家是先夺取城市，然后再夺取乡村。毛泽东认为，这些经验不适合中国。中国要走的是相反的道路。他说："在资本主义各国，在没有法西斯和没有战争的时期内，那里的条件是国家内部没有了封建制度，有的是资产阶级的民主制度；外部没有民族压迫，有的是自己民族压迫别的民族。基于这些特点，资本主义各国的无产阶级政党的任务，在于经过长期的合法斗争，教育工人，生息力量，准备最后地推翻资本主义。在那里，是长期的合法斗争，是利用议会讲坛，是经济的和政治的罢工，是组织工会和教育工

①《毛泽东军事文集》第二卷，军事科学出版社、中央文献出版社 1993 年版，第 397 页。

人。那里的组织形式是合法的，斗争形式是不流血的（非战争的）。在战争问题上，那里的共产党是反对自己国家的帝国主义战争；如果这种战争发生了，党的政策是使本国反动政府败北。自己所要的战争只是准备中的国内战争。但是这种战争，不到资产阶级处于真正无能之时，不到无产阶级的大多数有了武装起义和进行战争的决心之时，不到农民群众已经自愿援助无产阶级之时，起义和战争是不应该举行的。到了起义和战争的时候，又是首先占领城市，然后进攻乡村，而不是与此相反。所有这些，都是资本主义国家的共产党所曾经这样做，而在俄国的十月革命中证实了的。”①

“中国则不同。中国的特点是：不是一个独立的民主的国家，而是一个半殖民地的半封建的国家；在内部没有民主制度，而受封建制度压迫；在外部没有民族独立，而受帝国主义压迫。因此，无议会可以利用，无组织工人举行罢工的合法权利。在这里，共产党的任务，基本地不是经过长期合法斗争以进入起义和战争，也不是先占城市后取乡村，而是走相反的道路。”②

1939 年 12 月，毛泽东在《中国革命和中国共产党》中进一步阐明了农村包围城市、武装夺取政权的道路。他说：“中国革命的敌人是异常强大的。中国革命的敌人不但有强大的帝国主义，而且有强大的封建势力，而且在一定时期内还有勾结帝国主义和封建势力以与人民为敌的资产阶级的反动派。”③

“因为我们的敌人是异常强大的，革命力量就非在长期间内不能聚积和锻炼成为一个足以最后地战胜敌人的力量……中国革命的主要

①《毛泽东选集》第二卷，人民出版社 1991 年版，第 541—542 页。

②《毛泽东选集》第二卷，人民出版社 1991 年版，第 542 页。

③《毛泽东选集》第二卷，人民出版社 1991 年版，第 634 页。

方法，中国革命的主要形式，不能是和平的，而必须是武装的……斯大林说：‘在中国，是武装的革命反对武装的反革命。’”①

毛泽东指出，中国革命必须建立巩固的农村革命根据地。在这样的敌人面前，革命的根据地问题也就发生了。因为强大的帝国主义及其在中国的反动同盟军，总是长期地占据着中国的中心城市，如果革命的队伍不愿意和帝国主义及其走狗妥协，而要坚持地奋斗下去，如果革命的队伍要准备积蓄和锻炼自己的力量，并避免在力量不够的时候和强大的敌人作决定胜负的战斗，那就必须把落后的农村改造成先进的巩固的根据地，造成军事上、政治上、经济上、文化上的伟大的革命阵地，借以反对利用城市进攻农村区域的凶恶敌人，借以在长期战斗中逐步地争取革命的全部胜利。在这种情形下面，由于中国经济发展的不平衡（不是统一的资本主义经济），由于中国土地的广大（革命势力有回旋的余地），由于中国的反革命营垒内部的不统一和充满着各种矛盾，由于中国革命主力军的农民的斗争是在无产阶级政党共产党的领导之下，这样，就使得在一方面，中国革命有在农村区域首先胜利的可能；而在另一方面，则又造成了革命的不平衡状态，给争取革命全部胜利的事业带来了长期性和艰苦性。由此也就可以明白，在这种革命根据地上进行的长期的革命斗争，主要的是在中国共产党领导之下的农民游击战争。因此，忽视以农村区域作革命根据地的观点，忽视对农民进行艰苦工作的观点，忽视游击战争的观点，都是不正确的。

但是着重武装斗争，不是说可以放弃其他形式的斗争；相反，没有武装斗争以外的各种形式的斗争相配合，武装斗争就不能取得胜

①《毛泽东选集》第二卷，人民出版社 1991 年版，第 634—635 页。

利。着重农村根据地上的工作，不是说可以放弃城市工作和尚在敌人统治下的其他广大农村中的工作；相反，没有城市工作和其他农村工作，农村根据地就处于孤立状态，革命就会失败。而且革命的最后目的，是夺取作为敌人主要根据地的城市，没有充分的城市工作，就不能达此目的。也就是说，要把建立农村革命根据地和城市的革命斗争结合起来。

总之，中国革命要走农村包围城市、武装夺取政权的道路。

中国革命为什么要走农村包围城市、武装夺取政权的道路呢？概括起来，有三个理由。

首先，这是由中国社会的性质决定的。处于半殖民地半封建社会阶段的中国仍然受着帝国主义压迫，外无独立。中国仍然是大地主大资产阶级的专政，内无民主。在这种情况下，无产阶级及其政党不可能经过合法斗争来教育群众，积蓄革命力量，只有走武装斗争的道路，只有以武装的革命反对武装的反革命。

其次，这是由当时中国社会政治经济发展不平衡的状况决定的。反动统治阶级长期统治着中国的中心城市，他们的力量主要集中在城市，相比较而言，农村则是他们统治比较薄弱的区域。这就使在相对落后的农村地区建立革命根据地，发展人民的武装成为可能。

最后，这是由中国的经济结构和人口结构决定的。中国是个农业大国，农业是中国的主要经济形式，农民占人口的绝大多数。中国反帝反封建的民主革命实质上就是农民革命，武装斗争实质上就是无产阶级领导下的农民战争。

因此在中国，无产阶级及其政党要想取得革命的胜利，就必须与农民结成巩固的联盟，无产阶级及其政党必须到农村去，在农村建立革命根据地，开展土地革命，积蓄革命力量，逐渐形成农村包围城市的态势，最后夺取城市，从而取得全国革命的胜利。

（三）中国革命道路探索的意义

以毛泽东同志为主要代表的中国共产党人探索出来的以农村包围城市、武装夺取政权的道路，揭示了中国革命发展的客观规律，成功地解决了半殖民地半封建的中国的革命道路问题，丰富和发展了马克思主义关于暴力革命的学说。中国新民主主义革命的胜利证明了以毛泽东同志为主要代表的中国共产党人探索出来的以农村包围城市、武装夺取政权的中国革命道路的正确性。

二、中国特色社会主义道路

（一）中国特色社会主义道路的形成和发展

第一，党的八大前后的有益探索。我国的社会主义模式是以苏联为蓝本建立起来的。从 1956 年开始，我们党意识到苏联的经验并不都是成功的。在党的八大前后，我们党对社会主义建设问题进行了有益的探索。

一是提出根据中国实际，探索建设社会主义道路的问题。1956 年 2 月，苏共召开了二十大，暴露了苏联社会主义建设中的许多问题。以苏为鉴，探讨我国社会主义建设道路的问题提上了日程。1956 年春，中央主要领导人进行了大量的调查研究。毛泽东在听取了 30 多个部门的工作汇报的基础上，在中共中央政治局扩大会议上作了《论十大关系》的讲话，提出以苏为鉴，探索中国建设社会主义道路的问题。他说："最近苏联方面暴露了他们在建设社会主义过程中的一些缺点和错误，他们走过的弯路，你还想走？”[①] 很显然，这是以毛泽东同志为主要代表的中国共产党人意识到苏联模式有问题，认为搞社会主义建设不能照抄书本，不能照搬别国模式，力图探索出一条适合中国实际情况的社会主义建设道路。

二是指明了社会主义制度确立后的主要矛盾和中心任务。1956年9月，毛泽东参与讨论和制定的《中国共产党第八次全国代表大会关于政治报告的决议》指出：三大改造已经取得决定性的胜利，这就表明，我国的无产阶级同资产阶级之间的矛盾已经基本上解决，几千年来的阶级剥削制度的历史已经基本上结束，社会主义的社会制度在我国已经基本上建立起来了。我们国内的主要矛盾，已经是人民对于建立先进的工业国的要求同落后的农业国的现实之间的矛盾，已经是人民对于经济文化迅速发展的需要同当前经济文化不能满足人民需要的状况之间的矛盾。这一矛盾的实质，在我国社会主义制度已经建立的情况下，也就是先进的社会主义制度同落后的社会生产力之间的矛盾。党和全国人民的当前的主要任务，就是要集中力量来解决这个矛盾，把我国尽快地从落后的农业国变为先进的工业国。

三是在经济体制上开始探索突破苏联模式的问题。在《论十大关系》中，毛泽东就提出给地方、给企业更多的自主权、独立性，以调动地方和企业的积极性。在中国共产党第八次全国代表大会上，陈云根据中国实际情况，提出了“三个主体三个补充”的意见。他指出，我们的社会主义的经济情况将是这样：在工商业经营方面，国家经营和集体经营是主体，附有一定数量的个体经营作为补充；在生产计划方面，计划生产是工农业生产的主体，按照市场变化而在国家计

---

①《毛泽东文集》第七卷，人民出版社1999年版，第23页。

划许可范围内的自由生产作为补充。在社会主义的统一市场里，国家市场是主体，附有一定范围内国家领导的自由市场作为补充。陈云的这个意见被大会的决议采纳。1957 年 5 月，刘少奇同中央党校负责同志谈话时也说，研究社会主义经济，还要特别注意一个问题，就是使社会主义的经济，既要有计划性，又要有多样性和灵活性。

四是在所有制关系上的新认识。1956 年底，毛泽东在同工商界人士的谈话中指出："只要社会需要，地下工厂还可以增加。可以开私营大厂，订个协议，十年、二十年不没收。华侨投资的，二十年、一百年不要没收。可以开投资公司，还本付息。可以搞国营，也可以搞私营。可以消灭了资本主义，又搞资本主义。"①

五是提出了加强社会主义民主和法制建设的问题。新中国成立后，毛泽东就十分重视民主与法制建设。1954 年 6 月，他在《关于中华人民共和国宪法草案》的讲话中明确指出：原则基本上是两个：民主原则和社会主义原则。我们的民主不是资产阶级民主，而是人民民主，这就是无产阶级领导的，以工农联盟为基础的人民民主专政。党的八大强调指出：要继续加强我国的人民民主专政，进一步扩大国家的民主生活，开展反对官僚主义的斗争，逐步制定完备的法律、健全的法制，使党和政府的活动做到有法可依、有法必依。

六是提出了社会主义改革的思想。社会主义制度建立以后，还需要不需要进行生产关系和上层建筑领域的革命？毛泽东认真地思考了这个问题。在《关于正确处理人民内部矛盾的问题》一文中，他指出："在社会主义社会中，基本的矛盾仍然是生产关系和生产力之间

---

①《毛泽东文集》第七卷，人民出版社 1999 年版，第 170 页。

的矛盾，上层建筑和经济基础之间的矛盾。”[①]他认为，社会主义社会的基本矛盾与旧社会的基本矛盾具有根本不同的性质和情况，表现为既相适应又相矛盾。他说：“社会主义生产关系已经建立起来，它是和生产力的发展相适应的；但是，它又还很不完善，这些不完善的方面和生产力的发展又是相矛盾的。除了生产关系和生产力发展的这种又相适应又相矛盾的情况以外，还有上层建筑和经济基础的又相适应又相矛盾的情况。”[②]毛泽东的这些思想为在社会主义条件下不断进行生产关系和上层建筑领域的改革提供了理论依据。

但在 20 世纪 50 年代后期，我们党在社会主义建设中出现了严重失误。主要是：一是对社会主义时期的主要矛盾和阶级斗争状况作出错误的判断。二是错误地发动了“大跃进”和人民公社化运动。由于违背了客观规律，受到了严厉的惩罚，国民经济出现了困难的局面。20 世纪 60 年代初我们党进行了一些有益的探索，如调整农村生产关系，对国民经济进行调整。但由于“左”倾思想在党内的蔓延和发展，中断了党对社会主义建设道路的探索，发生了“文化大革命”。

第二，中国特色社会主义道路的初步形成。从党的十一届三中全会到党的十三大，这段时期的主要内容是拨乱反正，从总结历史经验中探索中国特色社会主义建设的道路。1978 年 12 月，具有划时代意义的党的十一届三中全会召开，确立了解放思想、实事求是的思想路线，确定把党和国家的工作重点转移到社会主义现代化建设上来，作出实行改革开放的重大决策，实现了社会主义建设时期具有深远意义的转折。1981 年 6 月，党的十一届六中全会通过的《关于建国以

①《毛泽东文集》第七卷，人民出版社 1999 年版，第 214 页。

②《毛泽东文集》第七卷，人民出版社 1999 年版，第 215 页。

党的十一届三中全会开创了我国社会主义事业发展的新时期。图为 2020 年 5 月拍摄的深圳前海自贸区（中新图片）

来党的若干历史问题的决议》宣告："三中全会以来，我们党已经逐步确立了一条适合我国情况的社会主义现代化建设的正确道路。"并第一次对这条道路的主要特点作了初步概括，共 10 个方面，它们构成了中国特色社会主义道路的最初框架，成为我们党继续探索这条道路的基础。

邓小平在党的十二大开幕词中提出了"建设有中国特色的社会主义"这一命题，他指出："把马克思主义的普遍真理同我国的具体实际结合起来，走自己的道路，建设有中国特色的社会主义，这就是我们总结长期历史经验得出的基本结论。"[①]这标志着我们党开始自觉地探索中国特色社会主义道路。

党的十三大在理论上实现了三大突破：一是作出了我国还处在社会主义初级阶段的国情判断，为开辟中国特色社会主义道路奠定了重要的理论基石。二是提出了和平与发展是当代世界的两大主题的思

① 中共中央文献研究室编：《十二大以来重要文献选编》上，人民出版社 1986 年版，第 3 页。

想，这个论断实际上是回答了中国特色社会主义的外部环境问题。三是提出了社会主义经济是公有制基础上的有计划的商品经济的新概念，突破了把计划经济同商品经济对立起来的传统观念。这些变化冲破了旧体制和传统观念的束缚，使中国的社会主义开始焕发勃勃生机和活力。

第三，中国特色社会主义道路不断完善阶段。这一阶段是从党的十三大到党的十六大。以 1992 年邓小平发表南方谈话和党的十四大召开为标志，我国改革开放和现代化建设进入一个新的发展阶段。党的十四大第一次明确提出我国经济体制改革的目标是建立社会主义市场经济体制，并对建设有中国特色社会主义理论的主要内容从九个方面作了新的概括。党的十五大明确地把这一理论命名为“邓小平理论”，并将其确立为党的指导思想。党的十五大紧紧把握社会主义初级阶段的基本特征，深入贯彻党在社会主义初级阶段的基本路线，制定了中国特色社会主义经济、政治、文化纲领，初步形成了中国特色社会主义建设“三位一体”的总体布局。

党的十三届四中全会以来，以江泽民同志为主要代表的中国共产党人，把中国特色社会主义成功地推向 21 世纪，并在实践中形成了“三个代表”重要思想。以江泽民同志为主要代表的中国共产党人在中国特色社会主义道路上的新贡献主要有三个：一是依据邓小平关于社会主义也可以搞市场经济的重要论断，进一步确立了社会主义市场经济体制的改革方向。二是在经济全球化的大趋势下，作出趋利避害，既参与经济全球化，加入世界贸易组织，又坚持独立自主，维护国家经济安全的战略决策。三是确立了经济建设、政治建设、文化建设“三位一体”的中国特色社会主义建设的总体布局，进一步发展了中国特色社会主义事业。

第四，中国特色社会主义道路继续深化和拓展阶段。这一阶段包括党的十六大以来直至进入新世纪新阶段。以胡锦涛同志为主要代表的中国共产党人面对复杂多变的国际环境和艰巨繁重的改革发展任务，从我国经济社会发展的阶段性特征出发，提出了科学发展观等一系列重大战略思想。党中央在中国特色社会主义道路上作出了新的贡献。一是坚持以科学发展观统领经济社会发展全局，着力转变不适应不符合科学发展观的思想观念，着力解决影响和制约科学发展的突出问题，促进了国民经济又好又快发展。二是提出了构建社会主义和谐社会的重大战略思想，加快推进以改善民生为重点的社会建设，将社会建设提升到与经济、政治、文化建设并重的高度，使中国特色社会主义事业总体布局从"三位一体"提高到"四位一体"。三是坚持和发展了邓小平关于和平与发展已成为时代主题的观点，提出和平发展、和谐世界的理论，坚持走和平发展道路。党的十八大把对中国特色社会主义道路的认识提高到新的水平。建设中国特色社会主义，总依据是社会主义初级阶段，总布局是经济建设、政治建设、文化建设、社会建设、生态文明建设"五位一体"，总任务是实现社会主义现代化和中华民族伟大复兴。

第五，中国特色社会主义道路在新时代的发展。党的十八大以来，以习近平同志为核心的党中央，紧紧围绕改革发展稳定、内政外交国防、治党治国治军提出了许多新思想新理论，科学回答了新时代坚持和发展什么样的中国特色社会主义、怎样坚持和发展中国特色社会主义等重大时代课题。党中央在中国特色社会主义道路上的新发展体现在以下几个方面：一是坚持党对一切工作的领导。党的领导不仅是中国特色社会主义最本质的特征，还是中国特色社会主义制度的最大优势。二是中国特色社会主义事业总体布局是"五位一体"、战略布局是“四个全面”，更加强调道路自信的重要性。“五位一体”总体布局中，经济建设上强调适应、把握、引领经济发展新常态，坚持新发展理念，推动形成经济发展新格局；政治建设上强调对国家权力的制约与监督，全面推进依法治国；文化建设上更加强调坚定文化自信，坚持马克思主义在意识形态领域的指导地位；社会建设上强调加强和创新社会治理，打造共建共治共享的社会治理新格局；生态文明建设上强调人与自然的和谐共生，建设美丽中国。三是坚持和平发展道路，推动构建人类命运共同体。当今世界处于百年未有之大变局，面对全球性问题和挑战，中国秉持共商共建共享的全球治理观，积极参与全球治理体系改革和建设，不断贡献中国智慧和中国力量。

（二）中国特色社会主义道路的科学内涵

习近平总书记在党的十九大报告中指出：“中国特色社会主义道路是实现社会主义现代化、创造人民美好生活的必由之路。”100 多年来，我们党紧紧依靠人民，把马克思主义基本原理同中国实际和时代特征结合起来，独立自主走自己的路，开创和发展了具有中国特色的社会主义发展道路，这条道路具有深刻的科学内涵。

第一，党的领导是中国特色社会主义道路的根本保证。沿着中国特色社会主义道路实现中华民族的伟大复兴，这是继开辟中国革命道路、成立新中国之后，中国共产党为中华民族建立的又一丰功伟绩。新中国成立以来的历史证明，中国共产党是中国特色社会主义道路的开创者，是中国特色社会主义和实现中华民族伟大复兴事业的领导核心和根本保证。

党的二十大报告对此有明确阐述：“明确中国特色社会主义最本质的特征是中国共产党领导，中国特色社会主义制度的最大优势是中国共产党领导，中国共产党是最高政治领导力量。”

第二，初级阶段的基本国情是中国特色社会主义道路的总依据。走中国特色社会主义道路，必须一切从中国实际出发。正确认识我国社会所处的历史阶段，牢记社会主义初级阶段基本国情，清醒认识新时代新发展阶段面临的新课题、新矛盾，是走中国特色社会主义道路的总依据。

党的十一届三中全会以来，我们党坚持解放思想、实事求是，认真总结历史经验教训，重新认识我国基本国情，作出了我国社会处于并将长期处于社会主义初级阶段的论断。这是一个具有重大理论意义和实践意义的科学论断。

自改革开放以来，我们的国家和社会都发生了很大的变化，综合国力大大增强，人民生活总体达到小康水平，社会主义建设成就举世瞩目。但我们要清醒地认识到，我国仍然处在社会主义初级阶段。正如习近平总书记所指出的：“正确认识党和人民事业所处的历史方位和发展阶段，是我们党明确阶段性中心任务、制定路线方针政策的根本依据，也是我们党领导革命、建设、改革不断取得胜利的重要经验。”①

第三，党的基本路线是中国特色社会主义道路的生命线。党的基本路线是坚持以经济建设为中心，坚持四项基本原则，坚持改革开放。这条基本路线集中体现了我国各族人民的根本利益和共同意志，反映了中国社会主义现代化建设的本质规律，因而是党和国家的生命线。

党的基本路线，在新的历史时期主要承担着凝聚党的组织及全

①《深入学习坚决贯彻党的十九届五中全会精神　确保全面建设社会主义现代化国家开好局》，《人民日报》2021 年 1 月 12 日。

体党员共识和意志的功能。制定并执行党的政治路线，是一个政党存在和发展的基本条件。改革开放以来的实践表明，党的基本路线在新时期发挥的就是政治路线的核心功能。改革开放以来的实践表明，中国特色社会主义道路发挥了党推进其领导的事业基本途径的功能。而这一功能的实现是在党的基本路线的指引和保障下实现的。

第四，“五位一体”是中国特色社会主义道路的总布局。中国特色社会主义事业总体布局是“五位一体”，并且要完善坚持党的领导体制机制，统筹推进“五位一体”总体布局。“五位一体”总体布局的基本要求包括以下几个方面。

一是建设社会主义经济。我国正处于并将长期处于社会主义初级阶段，社会主要矛盾已经转化为人民日益增长的美好生活需要和不平衡不充分的发展之间的矛盾，社会主要矛盾的变化关系着社会主义现代化建设事业的全局，需要我们着力解决好发展不平衡不充分的问

党的十八大以来，在以习近平同志为核心的党中央坚强领导下，党和国家事业发生历史性变革、取得历史性成就。图为浙江舟山跨海大桥（中新图片/姚峰）

题。因此，在整个社会主义初级阶段都必须坚持以经济建设为中心，转变经济发展方式，提升发展质量和效益。习近平总书记在党的二十大报告中指出："高质量发展是全面建设社会主义现代化国家的首要任务。发展是党执政兴国的第一要务。没有坚实的物质技术基础，就不可能全面建成社会主义现代化强国。必须完整、准确、全面贯彻新发展理念，坚持社会主义市场经济改革方向，坚持高水平对外开放，加快构建以国内大循环为主体、国内国际双循环相互促进的新发展格局。"

二是建设社会主义民主政治。中国特色社会主义政治发展道路，是近代以来中国人民长期奋斗的历史逻辑、理论逻辑、实践逻辑的必然结果，是坚持党的本质属性、践行党的根本宗旨的必然要求。要长期坚持、不断发展我国社会主义民主政治制度化、规范化、程序化，保证人民依法通过各种途径和形式管理国家事务，管理经济文化事业，管理社会事务，巩固和发展生动活泼、安定团结的政治局面。

三是建设社会主义先进文化。文化是一个国家、一个民族长期生存发展的灵魂。要坚持中国特色社会主义文化发展道路，激发全民族文化创新创造活力，建设社会主义文化强国。要坚持为人民服务、为社会主义服务，坚持百花齐放、百家争鸣，坚持创造性转化、创新性发展，不断铸就中华文化新辉煌。

四是建设社会主义和谐社会。构建社会主义和谐社会，是我们党从中国特色社会主义事业总体布局和实现中华民族伟大复兴全局出发提出的重大战略任务，反映了建设富强民主文明和谐美丽的社会主义现代化国家的内在要求，体现了全党全国各族人民的共同愿望。必须始终把人民利益摆在至高无上的地位，让改革发展成果更多更公平惠及全体人民，朝着实现全体人民共同富裕不断迈进。

五是建设社会主义生态文明。生态文明作为一种治国理念提出以后，中国特色社会主义文明体系更加完善。党的十八大报告将“生态文明”与经济建设、政治建设、文化建设、社会建设并列，构成中国特色社会主义事业“五位一体”的总体布局。习近平总书记在党的十九大报告中指出，要牢固树立社会主义生态文明观，推动形成人与自然和谐发展现代化建设新格局。习近平总书记在党的二十大报告中指出：“尊重自然、顺应自然、保护自然，是全面建设社会主义现代化国家的内在要求。必须牢固树立和践行绿水青山就是金山银山的理念，站在人与自然和谐共生的高度谋划发展。”

社会主义经济建设、政治建设、文化建设、社会建设和生态文明建设是一个有机统一的整体。它们作为中国特色社会主义事业的总体布局，为实现社会主义现代化和中华民族伟大复兴奠定了坚实的基础。

第五，实现社会主义现代化和中华民族伟大复兴是中国特色社会主义道路的总任务。坚持和发展中国特色社会主义，总任务是实现社会主义现代化和中华民族伟大复兴。进入新发展阶段，强调中华民族伟大复兴这个全局目标尤其重要。习近平总书记在党的十九大报告中提出“全党一定要自觉维护党的团结统一，保持党同人民群众的血肉联系，巩固全国各族人民大团结，加强海内外中华儿女大团结，团结一切可以团结的力量”，其出发点就是实现社会主义现代化以及中华民族伟大复兴这个全局性目标。

党的十九大将 2020 年到 21 世纪中叶划分为两个阶段：第一个阶段，从 2020 年到 2035 年，在全面建成小康社会的基础上，再奋斗 15 年，基本实现社会主义现代化；第二个阶段，从 2035 年到 21 世纪中叶，在基本实现现代化的基础上，再奋斗 15 年，把我国建成富强民主文明和谐美丽的社会主义现代化强国。这是一个极具感召力的奋斗目标。党的二十大提出了到2035年我国发展的总体目标。

（三）中国特色社会主义道路的时代价值

中国的发展成就证明，在中国这样一个经济文化十分落后的国家探索民族复兴道路，是极为艰巨的任务，而只有在中国特色社会主义理论指导下，不断完善中国特色社会主义制度，坚定不移地走中国特色社会主义道路，才能从胜利走向胜利。

第一，中国特色社会主义道路为中国探索出了一条符合国情和时代要求的发展之路。中国特色社会主义道路，是我们党在长期社会主义建设实践中，历经艰辛探索而逐步开辟出来的，是一条实现国家繁荣富强和人民幸福的正确道路。我们党带领人民开辟的中国特色社会主义道路之所以正确、能够引领中国发展进步，关键就在于我们既坚持了科学社会主义的基本原则，又根据我国实际赋予其鲜明的中国特色。中国特色社会主义道路，是我国进一步实现民族振兴、国家富强、人民幸福的必由之路，是历史和人民的选择。

第二，中国特色社会主义道路为第三世界国家指明了前进的方向。改革开放40多年来，走中国特色社会主义道路使中国的现代化建设取得了举世瞩目的伟大成就。中国奇迹的背后是道路密码的力量，为正处于寻找有效发展道路的其他发展中国家探索出了一条新路。这些国家在取得民族独立以后，面临着发展本国经济，争取经济独立，以进一步巩固政治独立，早日改变贫穷落后面貌的历史任务。中国特色社会主义道路则在这个方面为发展中国家指出了奋斗方向。

第三，为国际共产主义运动带来了新的活力和希望。中国特色社会主义道路的开辟和发展完善，丰富了马克思主义的社会主义思想和实践，为国际共产主义运动在新时期和新的历史条件下的发展提供了世界观和方法论方面的借鉴和指导。中国特色社会主义道路的成功探索是社会主义建设理论的一个重大突破。在经济文化比较落后的国家建设社会主义，没有现成的经验可以借鉴。中国特色社会主义建设的实践首次比较系统地回答了像中国这样经济文化比较落后的国家建立社会主义制度以后，怎样建设、巩固和发展社会主义的一系列重大问题，这对其他社会主义国家具有重要意义。

习近平总书记在庆祝中国共产党成立 95 周年大会上指出："中国特色社会主义道路是实现社会主义现代化的必由之路，是创造人民美好生活的必由之路。"历史选择的必由之路必将引领中国实现未来美好愿景。

第三章

敢教日月换新天

不懈奋斗的意志

1921年中国共产党的成立，掀开了中国历史的新篇章。中国共产党是一个具有不懈奋斗精神的党。100多年来，中国共产党紧紧依靠和团结全国各族人民，不懈奋斗，通过新民主主义革命，推翻了帝国主义、封建主义、官僚资本主义的反动统治，建立了人民当家作主的新中国；通过社会主义革命和建设，确立和巩固了社会主义新制度；通过改革开放，开创了中国特色社会主义道路，中国社会主义现代化建设迈上了新征程。中国共产党百余年的历史就是不懈奋斗的历史。

一、创建人民当家作主的新中国

（一）全力推动大革命

1921年7月，中国共产党成立后，到群众中去宣传群众、教育群众，开展工人运动，组织农民协会，帮助改组国民党，全力推动大革命。

1922 年 5 月 1 日至 6 日，根据党的决定，由中国劳动组合书记部发起，在广州举行的第一次全国劳动大会，接受中国共产党提出的“打倒帝国主义”“打倒封建军阀”的政治口号，通过《罢工援助案》和《全国总工会组织原则决议案》等。

1922 年 7 月 16 日至 23 日，中国共产党第二次全国代表大会在上海举行。大会发表了具有重大历史意义的《中国共产党第二次全国代表大会宣言》（以下简称《宣言》）。《宣言》分析了国际形势和中国社会的半殖民地半封建性质，阐明了中国革命的性质、动力和对象，制定了党的最低纲领和最高纲领。党的最低纲领，即党在民主主义革命阶段的纲领是：消除内乱，打倒军阀，建设国内和平；推翻国际帝国主义的压迫，达到中华民族完全独立；统一中国为真正的民主共和国。然后再进一步创造条件，以实现党的最高纲领：“建立劳农专政的政治，铲除私有财产制度，渐次达到一个共产主义的社会。”党的二大在中国近代历史上第一次明确地提出了彻底地反对帝国主义、封建主义的民主主义革命纲领，为中国各族人民指明了革命斗争的任务和方向。

为了贯彻执行民主革命纲领，建立民主联合战线，中国共产党于 1922 年 8 月，先后派李大钊、陈独秀等人同国民党领导人会晤，商谈国共合作问题。孙中山决定实行联俄、联共、扶助农工的政策，并邀请共产党员帮助改组国民党。

1922 年 8 月 29 日至 30 日，中国共产党中央执行委员会在杭州西湖举行全体会议。会议决定，共产党员以个人名义加入国民党，以实现建立民主联合战线的主张，推动中国民主革命的发展。

中共二大会址纪念馆（中新图片／王冈）

1922 年 9 月，中国共产党领导安源路矿工人开展罢工斗争。罢工宣言提出保障工人权利、增加工资、改善待遇、废除封建把头制等要求。经过激烈的斗争，罢工取得了胜利。这次罢工斗争取得的胜利提高了中国共产党在工人群众中的威望。

从 1922 年 1 月起，中国共产党领导下的工人运动高潮开始兴起，到 1923 年 2 月，持续了 13 个月之久。在此期间，爆发罢工斗争 100 多次，参加罢工的人数达 30 万人以上。工人运动的迅猛发展，极大地锻炼了无产阶级队伍，巩固了党的阶级基础。京汉铁路工人大罢工失败以后，中国工人运动暂时转入低潮。这次罢工失败使中国共产党人进一步懂得，要推翻反动军阀的统治，单靠工人阶级孤军奋战是不行的，必须联合一切可以联合的力量。

1923 年 6 月 12 日至 20 日，在广州召开的中国共产党第三次全国代表大会决定，全体共产党员以个人名义加入国民党，以建立各民主阶级的统一战线。12 月，李大钊到达广州，帮助孙中山改组国民党和筹备召开中国国民党第一次全国代表大会。

1924 年 1 月 20 日至 30 日，在孙中山主持下，中国国民党在广州举行第一次全国代表大会。大会通过了有共产党人参加起草的、以反帝反封建为主要内容的《中国国民党第一次全国代表大会宣言》，确定了联俄、联共、扶助农工的三大政策，从而把旧三民主义发展为新三民主义。大会选举有李大钊、谭平山、毛泽东等 10 名共产党员为委员和候补委员的国民党中央执行委员会。随后，全国大部分地区以共产党员和国民党左派为骨干改组或建立了各级国民党党部。这样，国民党就由资产阶级性的政党开始转变为工人、农民、城市小资产阶级和资产阶级的民主革命联盟。

这一年，苏联和中国共产党帮助孙中山建立了国民党陆军军官学校——黄埔军校。周恩来、恽代英、萧楚女、熊雄、聂荣臻等共产党人先后在该校担任政治领导工作以及其他工作。

1925 年 5 月 30 日，发生了五卅惨案。当晚中共中央召开紧急会议，决定组织行动委员会，建立各阶级的统一战线，发动工人罢工、学生罢课、商人罢市，抗议帝国主义者屠杀中国人民的暴行。从 6 月 1 日起，五卅运动迅速由上海席卷全国。北京、广州、青岛、武汉、天津、唐山、南京、九江、长沙、重庆、郑州等城市 1700 多万群众，先后起来响应上海人民的反帝斗争。全国各地都发出了“打倒帝国主义”“废除不平等条约”的吼声。6 月 19 日，广州沙面租界和香港的 20 万工人举行罢工。7 月 6 日，在广州成立省港罢工委员会，组织了有数千人的工人纠察队。10 多万罢工工人成为当时广东革命根据地的有力支柱。省港大罢工在广东人民和革命政府的支持下坚持了 16

省港罢工是中国共产党成立之初领导中国革命运动的重要实践。这次罢工时间之长、规模之大、组织之严密，在中国工人运动史上是空前的，在世界工人运动史上也实属罕见。图为省港罢工工人代表大会代表第100期留念（宝盖头/供图）

个月之久。

1926年5月1日，全国第三次劳动大会、广东省第二次农民代表大会同时在广州召开。两个会议的代表举行了4次联席会议，通过了《工农大联合决议案》等，还到广州国民政府请愿，要求出师北伐。

1926年5月20日，国民革命军叶挺独立团等部，作为北伐先遣部队奉命进入湖南，揭开了北伐战争的序幕。7月4日，国民党发表《中国国民党为国民革命军出师北伐宣言》。7月9日，国民革命军誓师北伐。

在北伐战争中，中国共产党在军队政治工作和发动工农群众方面作出了重要贡献。由于得到广大人民群众的支持，北伐军一路势如破竹，仅用半年时间就歼灭了吴佩孚、孙传芳两部主力。

1927年3月21日，上海工人在陈独秀、罗亦农、赵世炎、汪寿华、尹宽、周恩来、萧子璋参加的中央特别委员会领导下举行第三次武装起义，经过 30 个小时的激战，打败军阀部队，占领了上海。这是大革命时期中国工人运动的一次壮举。

正当北伐军节节胜利的时候，蒋介石在上海发动了四一二反革命政变，残酷屠杀共产党人和革命群众。广东、福建、安徽、浙江、江苏、广西等地相继以清党为名大肆捕杀共产党人和革命群众。

1927 年 7 月 15 日，汪精卫在武汉召集国民党中央执行委员会，正式作出“分共”决定，公开背叛了孙中山所制定的国共合作政策和反帝反封建的纲领，向共产党人和革命群众举起了屠刀。

正如毛泽东所说：“到了一九二七年春夏之交，正当北伐战争向前发展的紧要关头，这个代表中国人民解放事业的国共两党和各界人民的民族统一战线及其一切革命政策，就被国民党当局的叛卖性的反人民的‘清党’政策和屠杀政策所破坏了。”“生气蓬勃的中国大革命就被葬送了。”① 至此，1925 年至 1927 年的大革命失败。

这次革命虽然失败了，但仍然具有重要的历史意义。第一，中国共产党反帝反封建的民主革命纲领反映了广大人民群众的要求，受到人民群众的拥护，党在群众中的影响扩大了，这为日后“唤起工农千百万，同心干”打下了基础。第二，中国共产党在这次革命中受到了锻炼，吸取了教训，为日后更好地领导人民群众进行革命斗争积累了经验，为把中国革命斗争推向新的阶段准备了条件。

（二）武装反抗国民党

面对国民党反动派的屠杀政策，中国共产党和中国人民并没有被吓倒、被征服、被杀绝。“他们从地下爬起来，揩干净身上的血迹，

①《毛泽东选集》第三卷，人民出版社 1991 年版，第 1035、1036 页。

掩埋好同伴的尸首，他们又继续战斗了。”[①] 他们高举起革命的大旗，举行了武装的抵抗，在中国的广大区域内，组织了人民的政府，实行了土地制度的改革，创建了人民的军队——中国工农红军，保存和发展了中国人民的革命力量。

1927 年 8 月 1 日，根据中共中央的决定，在以周恩来为书记的中共前敌委员会和贺龙、叶挺、朱德、刘伯承等人的领导下，党所掌握和影响的国民革命军等武装 2 万余人，在南昌举行武装起义。这次起义打响了武装反抗国民党反动派的第一枪，标志着中国共产党独立领导革命战争、创建人民军队和武装夺取政权的开始。

1927 年 8 月 7 日，中共中央在汉口召开紧急会议（八七会议），正式确定实行土地革命和武装起义的方针，号召全党和广大工农群众奋起反击国民党反动派的进攻。会后举行了秋收起义、广州起义和其他许多地区的起义。

从 1927 年大革命失败到 1929 年底，全国各地的革命群众，为了反抗国民党反动派的白色恐怖和残酷的屠杀政策，先后发动了近 200 次武装起义。这些起义都在不同程度上打击了敌人，扩大了革命影响，为建立农村革命根据地奠定了基础。随着斗争的发展，除江西中央革命根据地外，党还创建了湘鄂西、海陆丰、鄂豫皖、琼崖、闽浙赣、湘鄂赣、湘赣、左右江、川陕、陕甘、湘鄂川黔等革命根据地。中国共产党在这些革命根据地领导人民群众特别是农民群众建立红色政权，开展土地革命，实行工农武装割据。到 1934 年，红军发展到 30 万人，共产党员也发展到 30 万人。中国革命的力量增强了，党的影响进一步扩大了。

---

①《毛泽东选集》第三卷，人民出版社 1991 年版，第 1036 页。

（三）红军不怕远征难

红军和革命根据地的发展，引起了国民党统治集团的极大恐慌。从 1930 年起，国民党对各革命根据地进行多次“围剿”，仅对中央革命根据地就进行了 5 次“围剿”。红军英勇地开展了反“围剿”的斗争。前 4 次反“围剿”由于毛泽东等同志的正确指挥都取得了胜利。第 5 次反“围剿”由于“左”倾教条主义者的错误指挥失败了。1934 年 10 月，中央红军被迫离开根据地，踏上漫漫长征路。

对于长征的历史意义，毛泽东评论道：“长征是历史纪录上的第一次，长征是宣言书，长征是宣传队，长征是播种机。自从盘古开天地，三皇五帝到于今，历史上曾经有过我们这样的长征吗？十二个月

长征的胜利，是中国共产党人理想的胜利，是中国共产党人信念的胜利。图为反映红军战士飞夺泸定桥的油画

光阴中间，天上每日几十架飞机侦察轰炸，地下几十万大军围追堵截，路上遇着了说不尽的艰难险阻，我们却开动了每人的两只脚，长驱二万余里，纵横十一个省。请问历史上曾有过我们这样的长征吗？没有，从来没有的。长征又是宣言书。它向全世界宣告，红军是英雄好汉，帝国主义者和他们的走狗蒋介石等辈则是完全无用的。长征宣告了帝国主义和蒋介石围追堵截的破产。长征又是宣传队。它向十一个省内大约两万万人民宣布，只有红军的道路，才是解放他们的道路。不因此一举，那么广大的民众怎会如此迅速地知道世界上还有红军这样一篇大道理呢？长征又是播种机。它散布了许多种子在十一个省内，发芽、长叶、开花、结果，将来是会有收获的。总而言之，长征是以我们胜利、敌人失败的结果而告结束。谁使长征胜利的呢？是共产党。没有共产党，这样的长征是不可能设想的。中国共产党，它的领导机关，它的干部，它的党员，是不怕任何艰难困苦的。”①

（四）打败日本侵略者

日本帝国主义长期以来推行对华侵略扩张政策，企图将中国变成它的殖民地。

1931年9月18日，日本关东军突然向中国军队驻地北大营和沈阳发动进攻。第二天，日本军队侵占了沈阳、长春等20多座城市。由于国民党政府实行不抵抗政策，仅4个多月，东三省全部沦陷，东北人民陷入日本帝国主义的铁蹄之下。

1932年1月28日，日军在上海挑起侵略战争。3月9日，日本又扶持清朝末代皇帝溥仪在中国东北成立傀儡政权“满洲国”。1935

①《毛泽东选集》第一卷，人民出版社1991年版，第149—150页。

年6月日本通过《何梅协定》，迫使中国军队撤出平津和河北。随后，日本策划了华北五省自治运动。

面对日本帝国主义的侵略，中国共产党主张坚决抗击日本帝国主义的进攻，成为中华民族抗日的中流砥柱。

1931年9月20日，中共中央发表《中国共产党为日本帝国主义强暴占领东三省事件宣言》，明确提出反对日本帝国主义强占东北三省，要求日本撤退占领东北三省的陆海空军，自动取消一切不平等条约。11月27日，刚刚在江西瑞金成立的中华苏维埃共和国临时中央政府发表对外宣言，号召全国人民动员起来，武装起来，反对日本帝国主义的侵略。中国共产党先后派杨靖宇、赵尚志等同志到东北组织抗日武装力量，开展抗日斗争。

1935年8月1日，中共驻共产国际代表团草拟了《中国苏维埃政府、中国共产党中央为抗日救国告全体同胞书》(即《八一宣言》)。《八一宣言》提出了停止内战，团结御侮的口号，号召全国人民团结起来，反抗日本帝国主义的侵略，并提出了抗日救国十大纲领和抗日民族统一战线的策略。《八一宣言》得到了全国人民的热烈拥护和广泛响应。在《八一宣言》的感召下，抗日救亡运动高涨起来。12月9日，在中国共产党北平党组织的领导下，北平学生举行了大规模的抗日救亡示威游行。学生高呼“打倒日本帝国主义”“停止内战，一致对外”等口号。“一二·九”运动广泛宣传了中国共产党“停止内战，一致抗日”的主张，得到了全国人民热烈支持和声援，促进了中华民族的觉醒，进一步推动了全国抗日救亡运动的发展。

1935年12月17日至25日，中国共产党在瓦窑堡召开政治局扩大会议，制定了抗日民族统一战线的新策略。与此同时，中国共产党致力于促成第二次国共合作。1936年12月，中国共产党促成了西安事变的和平解决，基本结束了十年内战的局面，为第二次国共合作创造了条件。

为了促进国共合作的实现，中国共产党于1937年2月10日发表《中共中央给中国国民党三中全会电》，提出五项要求和四项保证，在全国引起巨大反响。

1937年7月7日，日军向驻守北平西南卢沟桥的中国军队发起进攻，中国军队奋起抵抗。中国的全民族抗战开始了。卢沟桥事变第二天，中共中央发表《中国共产党为日军进攻卢沟桥通电》，号召全国同胞团结抗战，国共两党合作抗日。同一天，毛泽东等红军领导人致电蒋介石，表示红军将士愿为国效命。与此同时，中国共产党派出周恩来等与国民党谈判国共合作事宜。7月15日，中共代表周恩来等将《中共中央为公布国共合作宣言》交给蒋介石。7月17日，蒋介石发表庐山讲话："如果战端一开，那就是地无分南北，年无分老幼，无论何人，皆有守土抗战之责任，皆应抱定牺牲一切之决心。"[①]8月22日，国民政府军事委员会发布中国红军改编为国民革命军第八路军的命令。随后，中共中央所在地陕甘宁革命根据地改称陕甘宁边区政府。9月22日，国民党中央通讯社发表了《中共中央为公布国共合作宣言》。9月23日，蒋介石发表了承认中国共产党合法地位的谈话。至此，第二次国共合作和中国抗日民族统一战线形成。

抗日战争期间，中国共产党领导人民军队在敌后放手发动群众，广泛开展了各种形式的抗日游击战争，如地道战、地雷战、麻雀战、破袭战、围困战等，形成了人民战争的汪洋大海，创造了人类战争史

① 沙健孙主编：《中国共产党史稿（1921—1949）》第四卷，中央文献出版社2006年版，第13页。

中国人民抗日战争胜利是中国共产党发挥中流砥柱作用的伟大胜利。图为百团大战纪念碑（中新图片 / 葛秉正）

上的奇观。抗日战争期间，在中国共产党领导下，建立了大小 19 块抗日根据地，取得了平型关大捷、雁门关伏击战、夜袭阳明堡机场、百团大战等一系列胜利，中国共产党领导的军队发展到 130 余万人，建立了约 100 万平方公里、近 1 亿人口的抗日根据地。

1945 年上半年，国际反法西斯战场捷报频传。5 月 8 日，德国无条件投降。7 月 26 日，中、美、英三国发表《波茨坦公告》，敦促日本无条件投降。8 月 6 日和 9 日，美国先后在日本广岛和长崎投下原子弹。8 月 8 日，苏联对日宣战。8 月 9 日，中共领导人毛泽东发表《对日寇的最后一战》的声明。中国共产党领导的人民军队对日寇展开了全面反攻。8 月 15 日，日本宣布无条件投降。中国人民经过 14 年的浴血奋战，付出了巨大的牺牲，终于迎来了抗日战争的全面胜利。中国人民沉浸在无比欢乐的气氛中。

中国人民的抗日战争是近代以来中国人民反抗外来侵略取得完全胜利的民族解放战争，具有重大而深远的意义。它洗雪了百年来的民族耻辱，鼓舞了全国各族人民，极大地提高了民族自信心。

（五）解放战争取得胜利

抗日战争胜利后，广大人民群众热切盼望中国走上和平、民主的道路，以便医治战争的创伤，开展国家建设。然而，抗日战争胜利后，国民党继续实行反共方针，准备发动内战，消灭共产党及其代表的民主力量。中国共产党力图避免内战，争取和平建国的前途。1945年8月13日，毛泽东在延安干部会议上作了《抗日战争胜利后的时局和我们的方针》的讲话，明确指出："对于蒋介石发动内战的阴谋，我党所采取的方针是明确的和一贯的，这就是坚决反对内战，不赞成内战，要阻止内战。今后我们还要以极大的努力和耐心领导着人民来制止内战。但是，必须清醒地看到，内战危险是十分严重的，因为蒋介石的方针已经定了。"①

蒋介石知道，发动内战是不得人心的。在这种情况下，他3次电邀毛泽东赴重庆谈判。如果毛泽东拒绝，就可把内战的责任推到共产党人身上。

中国共产党对争取和平有着真诚的愿望。8月25日，中国共产党决定派毛泽东、周恩来、王若飞去重庆与国民党谈判。谈判从8月29日开始，到10月10日结束。双方正式签署了《政府与中共代表会谈纪要》，史称"双十协定"。

---

①《毛泽东军事文集》第三卷，军事科学出版社、中央文献出版社1993年版，第10页。

根据双十协定，国共双方于1946年1月10日下达停战令。同一天，在重庆召开了政治协商会议。会议历时22天，于1月31日闭幕。会议通过了政府组织案、国民大会案、和平建国纲领、军事问题案、宪法草案。

政协会议闭幕的第二天，中共中央发出党内指示，要求全党准备为坚决实现这些决议而奋斗，同时警惕和平被破坏。

尽管中国共产党为和平作出了巨大努力，但国民党企图通过内战消灭共产党的决心已定。1946年6月，国民党军队悍然向解放区发动大规模进攻，全面内战爆发。中国共产党及其领导的人民军队被迫进行自卫作战，以革命战争消灭反革命战争。

面对国民党的进攻，中国共产党在政治上建立最广泛的人民民主统一战线，紧密依靠人民群众，使战争获得源源不断的人力和物力资源。在军事上实行集中优势兵力、各个歼灭敌人的作战原则，从而大量消灭敌人的有生力量。经过一年的作战，战争形势发生了重大变化。人民解放军从战略防御阶段转入战略进攻阶段。1947年10月10日，中国人民解放军总部发表宣言，提出了“打倒蒋介石，解放全中国”的口号，宣布了中国共产党的八项政策。1947年12月25日，毛泽东在陕北米脂县杨家沟召开的中共中央扩大会议上作了《目前形势和我们的任务》的报告。这个报告指出，中国人民的革命战争已经到了历史的转折点，提出了中国共产党的政治、经济纲领和十大军事原则。这个报告是打倒国民党反动统治集团、建立新民主主义中国的时期内，在政治、军事、经济各方面的纲领性文件。

与此同时，国民党统治区的人民民主运动日益高涨。

1948年秋，人民解放战争进入战略决战阶段。9月16日至24日，华东野战军解放了山东省省会济南，揭开了战略决战的序幕。经过辽

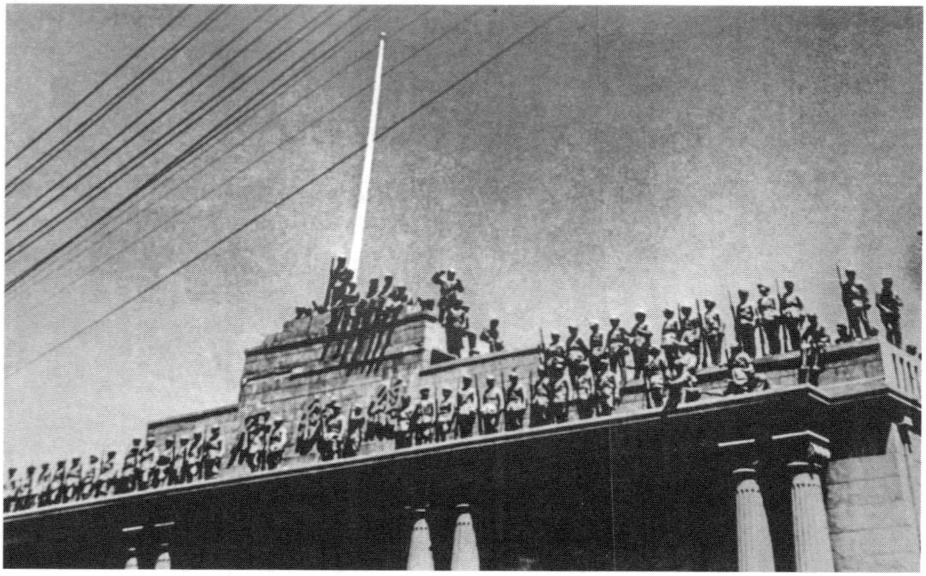

1949 年 4 月 23 日，人民解放军占领南京“总统府”（海峰 / 供图）

沈、淮海、平津三大战役，基本上摧毁了国民党赖以维持其反动统治的主要军事力量。

1949 年 4 月，人民解放军百万雄师过大江，解放了国民党的反动统治中心南京，宣告了国民党反动统治的覆灭。随后，人民解放军迅速解决了中国大陆上的残余敌人。人民解放战争取得了完全的胜利。

（六）成立人民当家作主的新中国

1948 年 4 月 30 日，中共中央发布纪念五一劳动节口号，号召“各民主党派、各人民团体、各社会贤达迅速召开政治协商会议，讨论并实现召集人民代表大会，成立民主联合政府”[①]。中国共产党的号

①《毛泽东文集》第五卷，人民出版社 1996 年版，第 91 页。

召，当即得到民革、民盟和其他民主党派、各人民团体、海外华侨团体、无党派民主人士的热烈响应。从 8 月起，各方面代表陆续到达解放区，与中共代表共同进行新政协的筹备工作。

1949 年 6 月 15 日至 19 日，新政治协商会议筹备会首次会议在北平召开。参加这次会议的包括中国共产党和各民主党派、各人民团体、各界民主人士、国内少数民族、海外华侨等 23 个单位，共 134 人。会议通过了《新政治协商会议筹备会组织条例》和《关于参加新政治协商会议的单位及其代表名额的规定》，选出了筹备会常务委员会，推选毛泽东为主任，周恩来、李济深、沈钧儒、郭沫若、陈叔通为副主任。

1949 年 9 月 21 日至 30 日，经过 3 个多月的精心准备后，由中国共产党、各民主党派、各人民团体、各地区、人民解放军、各少数民族、国外华侨及其他爱国分子的 662 名代表所参加的中国人民政治协商会议第一届全体会议在北平中南海怀仁堂隆重举行。这次会议的召开，标志着新民主主义革命在全国的胜利。毛泽东在开幕词中说："我们的工作将写在人类的历史上，它将表明：占人类总数四分之一的中国人从此站立起来了。"① 会议代行全国人民代表大会职权，通过了起临时宪法作用的《中国人民政治协商会议共同纲领》和《中华人民共和国中央人民政府组织法》，选举了中央人民政府委员会，毛泽东当选为中央人民政府主席，朱德、刘少奇、宋庆龄、李济深、张澜、高岗当选为副主席，并决定了国旗、国歌和纪年，决议定都北平，将北平改名为北京。刘少奇代表中国共产党在中国人民政治协商

① 中共中央文献研究室编：《毛泽东年谱（1893—1949）》下卷，人民出版社、中央文献出版社 1993 年版，第 575 页。

开国大典上使用的礼炮（中新图片 / 郭海鹏）

会议第一届全体会议上讲话。刘少奇说：“从此，中国的历史进入一个完全新的时代——人民民主时代。”[①]“中国共产党从它产生的时候起，就为中国人民的革命大团结而奋斗，在今后，它也一定要继续为这种大团结而奋斗。”[②]

1949 年 10 月 1 日，首都北京 30 万军民在天安门广场集会，隆重举行开国大典。毛泽东向全世界庄严宣告：“中华人民共和国中央人民政府今天成立了。”[③]

中华人民共和国的成立，标志着中华民族独立和人民解放事业的历史任务基本完成，中国人民从此成为国家和社会的主人。这是中国共产党领导中国人民 28 年不懈奋斗的结果。中国革命的胜利冲破了帝国主义的东方战线，壮大了世界和平民主的力量，鼓舞了世界被

① 中共中央文献研究室编：《刘少奇年谱（1898—1969）》下卷，中央文献出版社 1996 年版，第 224 页。

② 中共中央文献研究室编：《中华人民共和国开国文选》，中央文献出版社 1999 年版，第 297 页。

③ 中共中央文献研究室编：《毛泽东思想年编（1921—1975）》，中央文献出版社 2011 年版，第 679 页。

压迫民族和被压迫人民的解放斗争。

二、确立社会主义新制度

（一）恢复国民经济

由于帝国主义、封建主义、官僚资本主义的反动统治和连绵不断的战争，在中华人民共和国成立前，中国社会经济遭到严重破坏。经济萎缩，失业众多，通货膨胀，物价飞涨，民生困苦。1949 年与历史最高年份相比，工业总产值减少 50%，粮食产量减少近 1/4，棉花产量减少 48%。3000 多座桥梁遭到严重破坏。新中国成立后，中国共产党和人民政府的当务之急就是抑制通货膨胀，稳定物价，医治战争的创伤，恢复国民经济，以巩固新生的人民政权，改善人民生活，并为社会主义改造和社会主义建设准备条件。

第一，稳定物价和统一财经。1949 年到 1950 年初，连续出现过 4 次全国规模的物价上涨风潮。上海作为中国的金融中心，物价上涨最为严重。物价上涨严重影响了人民群众的生产生活秩序以及社会的稳定。

为了稳定物价，抑制通货膨胀，打击投机活动，中国共产党和人民政府依靠国有经济和老区人民群众的支持，采取有力的经济措施和必要的行政手段同投机资本开展了“银元之战”和“米棉之战”，沉重地打击了投机资本，平抑了市场物价。除此之外，国家还采取了统一全国财经的措施，从根本上结束了通货膨胀的局面，为恢复人民群众的生产生活秩序创造了条件。

第二，恢复交通运输业。新中国成立后，人民政府全力恢复交通运输业。1950 年，修复的铁路达 14000 多公里，原有的铁路网基本恢复，成渝铁路工程从 1950 年 6 月开工到 1952 年 7 月建成，结束了四川没有铁路的历史。1952 年，全国铁路通车里程达 2.29 万公里。3 年间，不仅旧有铁路得到修复，而且新建了来睦、成渝、天兰 3 条新路。公路、水运和航空也陆续恢复，对整个国民经济的恢复起到了重要作用。

第三，恢复工商业。新中国成立后，在工矿企业建立起社会主义的民主管理制度，工人成了国家和社会的主人。人民政府依靠工人阶级迅速修复工业生产。创造和推广先进的生产技术和工作方法，并开展增产节约和劳动竞赛运动，调动了广大工人群众的政治热情和生产积极性。从 1949 年到 1952 年，全国工业产值平均每年增长 34.8%。

新中国成立后，对私营工商业进行了调整。到 1952 年，私营工业企业的户数比 1949 年增加了 21.4%，产值增加了 54.2%；私营商业的户数增加了 7%，零售额增加了 18.6%。

第四，土地改革和农业的恢复。1950 年 6 月 28 日，中央人民政府委员会通过了《中华人民共和国土地改革法》，并于 30 日公布施行。该法规定："废除地主阶级封建剥削的土地所有制，实行农民的土地所有制，借以解放农村生产力，发展农业生产，为新中国的工业化开辟道路。"1952 年冬到 1953 年春，土地改革运动除新疆、西藏等少数民族地区以及台湾外，在全国基本完成，3 亿多无地少地的农民无偿地获得了 7 亿亩土地和其他生产资料，免除了过去每年向地主缴纳的约 700 亿斤粮食的苛重地租。新区农村土地改革的胜利完成，彻底推翻了长期统治和压迫中国农民的封建土地所有制，解放了农村生产力，巩固了工农联盟。农民自愿走互助合作道路。到 1952 年底，农业生产互助组达到 800 多万个，农业生产合作社达到 4000 多个，

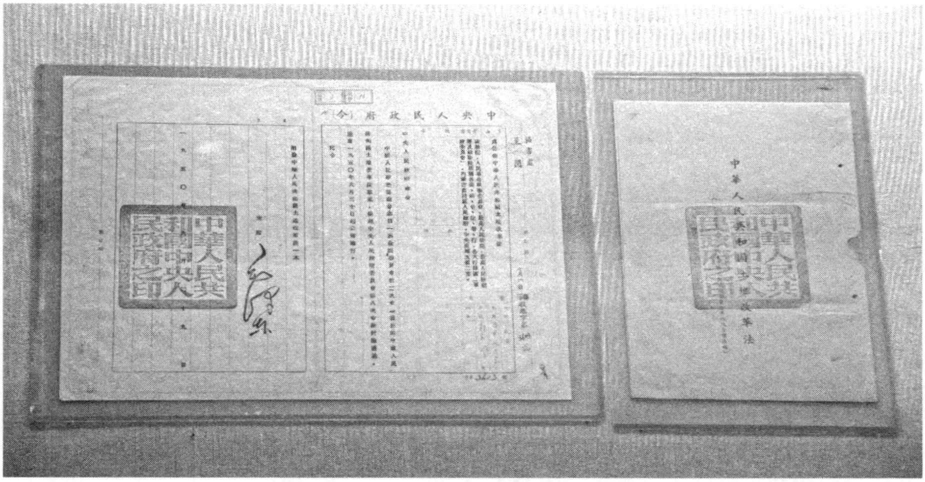

中央人民政府命令颁布《中华人民共和国土地改革法》的发文稿及《中华人民共和国土地改革法》（海峰 / 供图）

有力地推动了农业生产的恢复和发展。与此同时，进行了大规模的水利建设，为农业生产创造了良好的条件。从 1949 年到 1952 年，我国农业总产值平均每年增长 14%。

中国共产党领导全国人民经过 3 年的努力，完成了恢复国民经济的任务。到 1952 年底，工农业总产值达 810 亿元，比 1949 年的 466 亿元增长了 73.8%；其中工业总产值为 349 亿元，比 1949 年的 140 亿元增长了 149%；农业总产值 461 亿元，比 1949 年的 326 亿元增长了 41%。工农业主要产品产量已超过历史最高水平。其中钢为 135 万吨，原煤 0.66 亿吨，发电量 73 亿度，棉纱 65.6 万吨，棉布 38.3 亿米，粮食 16392 万吨，棉花 130.4 万吨。

国民经济恢复时期，人民生活得到了改善，国家财政经济状况根本好转。社会经济结构发生了巨大变化，官僚资本被没收，封建土地所有制被消灭。到 1952 年底，各种经济成分在国民经济中的比重是：社会主义国营经济占 19.1%，集体所有制经济占 1.5%，公私合营经济占 0.7%，资本主义经济占 6.9%，个体经济占 71.8%，社会主义国营经济的领导地位已经确立。

财政收入和支出都大大增加并达到平衡。从 1950 年到 1952 年，国家财政收入从 65.2 亿元上升到 183.7 亿元，增长了将近 3 倍；国家财政支出从 68.1 亿元上升到 176 亿元，增长了 2 倍多。

与此同时，文化教育事业也得到发展。经过 3 年的努力，完成了清除帝国主义、封建主义、官僚资本主义残余的任务，巩固了人民民主专政的国家政权，实现了国民经济的全面恢复，促进了文化教育事业的初步繁荣和社会面貌的深刻变化，为国家从新民主主义向社会主义过渡打下了良好的基础。

（二）抗美援朝、保家卫国

1950 年 6 月 25 日，朝鲜内战爆发。6 月 27 日，美国派出海军和空军武装干涉朝鲜，扩大朝鲜战争，并命令海军第七舰队向中国领土台湾沿海出动，决定以武力阻止中国人民解放台湾。6 月 28 日，毛泽东发表讲话指出，全世界各国的事务应由各国人民自己来管，亚洲的事务应由亚洲人民自己来管，而不应由美国来管。美国对亚洲的侵略，只能引起亚洲人民广泛的和坚决的反抗。6 月 28 日，周恩来代表我国政府发表声明，强烈谴责美国政府侵略朝鲜、中国台湾及干涉亚洲事务的罪行。

1950 年 10 月初，美帝国主义不顾中国政府的一再警告，悍然越过三八线，大举向北进犯，把战火烧到我国东北边境，严重威胁我国安全。中共中央根据朝鲜的请求和祖国安全的需要，作出了抗美援朝、保家卫国的战略决策。10 月 8 日，中国人民革命军事委员会主

中国人民志愿军跨过鸭绿江，抗美援朝，保家卫国（中新图片）

席毛泽东发布命令，将东北边防军组成中国人民志愿军，任命彭德怀为中国人民志愿军司令员兼政治委员，命令中国人民志愿军“迅即向朝鲜境内出动，协同朝鲜同志向侵略者作战并争取光荣的胜利”。10月19日，中国人民志愿军雄赳赳、气昂昂跨过鸭绿江，从10月25日到12月24日，同朝鲜人民军一起英勇奋战，于12月6日收复平壤，并把敌人赶回三八线附近，从而扭转了朝鲜的战局。

在朝鲜战场上，美国使用了除核武器以外的所有现代化武器。中国人民志愿军发扬一不怕苦、二不怕死的大无畏的革命精神，同朝鲜人民军一道，英勇打击侵略者，终于迫使美国于1953年7月27日在朝鲜停战协定上签字。至此，历时3年多的朝鲜战争宣告结束。

在波澜壮阔的抗美援朝战争中，英雄的中国人民志愿军始终发扬祖国和人民利益高于一切、为了祖国和民族的尊严而奋不顾身的爱国主义精神，英勇顽强、舍生忘死的革命英雄主义精神，不畏艰难困苦、始终保持高昂士气的革命乐观主义精神，为完成祖国和人民赋予的使命、慷慨奉献自己一切的革命忠诚精神，为了人类和平与正义事业而奋斗的国际主义精神，锻造了伟大抗美援朝精神。

抗美援朝战争的伟大胜利，是中国人民站起来后屹立于世界东方的宣言书，是中华民族走向伟大复兴的重要里程碑，对中国和世界都有着重大而深远的意义。经此一战，中国人民粉碎了侵略者陈兵国门，进而将新中国扼杀在摇篮之中的图谋，可谓“打得一拳开，免得百拳来”，帝国主义再也不敢作出武力进犯新中国的尝试，新中国真正站稳了脚跟。这一战，拼来了山河无恙、家国安宁，充分展示了中国人民不畏强暴的钢铁意志！经此一战，中国人民彻底扫除了近代以来任人宰割、仰人鼻息的百年耻辱，彻底扔掉了“东亚病夫”的帽子，中国人民真正扬眉吐气了。这一战，打出了中国人民的精气神，充分展示了中国人民万众一心的顽强品格！经此一战，中国人民打败了侵略者，震动了全世界，奠定了新中国在亚洲和国际事务中的重要地位，彰显了新中国的大国地位。这一战，让全世界对中国刮目相看，充分展示了中国人民维护世界和平的坚定决心！经此一战，人民军队在战争中学习战争，愈战愈勇，越打越强，取得了重要军事经验，实现了由单一军种向诸军兵种合成军队转变，极大促进了国防和军队现代化。这一战，人民军队战斗力威震世界，充分展示了敢打必胜的血性铁骨！经此一战，第二次世界大战结束后亚洲乃至世界的战略格局得到深刻塑造，全世界被压迫民族和人民争取民族独立和人民解放的正义事业受到极大鼓舞，有力推动了世界和平与人类进步事业。它用铁一般的事实告诉世人，任何一个国家、任何一支军队，不论多么强大，如果站在世界发展潮流的对立面，恃强凌弱、倒行逆施、侵略扩张，必然会碰得头破血流。这一战，再次证明正义必定战胜强权，和平发展是不可阻挡的历史潮流！

（三）社会主义改造

1953 年 6 月 15 日，中共中央政治局召开扩大会议，毛泽东在会议上发表讲话，第一次对党在过渡时期的总路线和总任务作了比较完整的表述。他说："党在过渡时期的总路线和总任务，是要在十年到十五年或者更多一些时间内，基本上完成国家工业化和对农业、手工业、资本主义工商业的社会主义改造。""党在过渡时期的总路线是照耀我们各项工作的灯塔。不要脱离这条总路线，脱离了就要发生'左'倾或右倾的错误。"①这是一条社会主义改造和社会主义建设并举的总路线。这次中央政治局扩大会议以后，中央宣传部着手起草关于总路线的宣传提纲。毛泽东在修改这个提纲时，把党在过渡时期的总路线进一步完整准确地表述为："从中华人民共和国成立，到社会主义改造基本完成，这是一个过渡时期。党在这个过渡时期的总路线和总任务，是要在一个相当长的时期内，逐步实现国家的社会主义工业化，并逐步实现国家对农业、对手工业和对资本主义工商业的社会主义改造。这条总路线是照耀我们各项工作的灯塔，各项工作离开它，就要犯右倾或'左'倾的错误。"②

过渡时期的总路线提出以后，中国共产党领导全国人民对农业、手工业和资本主义工商业进行了全面的社会主义改造。

---

① 中共中央文献研究室编：《毛泽东年谱（1949—1976）》第二卷，中央文献出版社 2013 年版，第 116 页。

② 中共中央文献研究室编：《建国以来毛泽东文稿》第四册，中央文献出版社 1990 年版，第 405 页。

对农业的社会主义改造经过了从互助组、初级社到高级社的发展过程。到1956年底，加入合作社的农户达到全国农户总数的96.3%，其中参加高级社的农户占全国农户总数的87.8%，基本上实现了农业合作化。

对手工业的社会主义改造经过了从手工业生产合作小组、手工业供销合作社到手工业生产合作社的发展过程。到1956年底，参加合作社的手工业人员已占全体手工业人员的91.7%，基本上实现了手工业合作化。

对资本主义工商业的社会主义改造在过渡时期总路线提出之前实际上就已开始了。党对资本主义工商业实行利用、限制、改造的政策，通过国家资本主义的形式（如统购包销、加工订货等）将资本主义工商业纳入国家计划的轨道。党在过渡时期的总路线提出后，从1954年起，对资本主义工商业改造转入重点发展公私合营这种国家资本主义的形式。在农业合作化运动的推动下，对资本主义工商业的改造掀起了全行业公私合营的浪潮。到1956年底，全国私营工业户数的99%、私营商业户数的82.2%，都变成了社会主义公有制企业。

到1956年，我国生产资料私有制的社会主义改造基本完成。农民、手工业者个体所有的私有制，基本上转变成劳动群众集体所有的公有制。在我国国民经济中，全民所有制经济和劳动群众集体所有制经济占绝对优势。这是中国历史上最深刻的社会变革。至此，中国社会主义新制度基本确立。中国进入了社会主义建设的新时期。

三、建设社会主义新国家

中国曾经是何等积贫积弱和封闭落后，而如今，中国在世界上牢牢地占据第二大经济体的位置。

1949 年，中国粮食的年总产量仅为 1.13 亿吨，人均未达 420 斤；如今我国的粮食供应已经基本实现由长期资源缺乏到粮食总量的基本平衡，丰年有余，实现了历史性重大跨越，创造了 20% 人口只占用 9% 的耕地和 6% 的淡水资源的奇迹。

新中国成立初期，连铁钉、火柴都要进口；如今，“中国制造”享誉全球，超级计算机、大型运输机、国产航空母舰、“蛟龙”号载人潜水器等证明着中国在不断创造发展的奇迹。70 多年的砥砺奋进，中国发生了天翻地覆的变化。无论是在中华民族历史上，还是在世界历史上，这都是一部感天动地的奋斗史诗。

（一）经济建设不断创造“中国奇迹”

新中国成立 70 多年来，在中国共产党的坚强领导下，中国人民用勤劳和汗水、智慧、勇气和不断创新，在世界人类经济社会发展史上创造了一个奇迹：中国由一个积贫积弱的落后农业国迅速发展成为世界上第二大经济强国、第一大现代工业国、第一大货物贸易国、科技创新大国，迎来了实现中华民族伟大复兴的美好前景。

一是经济总量迈上一个个新台阶。新中国成立初期，中国几乎是世界上最贫穷的国家之一。1952 年，我国的国内生产总值（GDP）仅为 679 亿元。改革开放后，我国经济迅速发展，1986 年突破 1 万亿元，2000 年突破 10 万亿元，超过了意大利，成为全球第六大经济体。2010 年，我国 GDP 达到 401513 亿元，成为世界第二大经济体。2016 年至 2018 年，我国 GDP 分别突破 70 万亿元、80 万亿元和 90 万亿元的大关。按不变价计算，2018 年 GDP 比 1952 年增长 175 倍。根据国家统计局 2021 年 3 月 1 日发布的数据，2020 年我国 GDP 为 101.6 万亿元，比 2019 年增长 2.3%，是在新冠疫情期间经济体量排名靠前的国家中唯一经济正增长的国家。2023 年我国 GDP 为 126.06 万亿元，比 2022 年增长 5.2%。我国人均 GDP 由 1952 年的 119 元上升到 2023 年的 89358 元，增长了 750.9 倍。

新中国成立初期，我国的公共财政面临很大困难。1950 年，全国的公共财政收入只有 62 亿元，1999 年突破了 1 万亿元的大关，到 2018 年已经达 18 万亿元。1952 年以前，我国的国际外汇储备仅为 1.08 亿美元，2006 年突破了 1 万亿美元大关。2018 年，我国的国际外汇储备存款余额首次超过 3 万亿美元，连续 13 年保持世界第一。截至 2023 年底，我国外汇储备规模为 3.238 万亿美元。

二是经济结构的协调性在逐步提高。新中国成立初期，我国的重工业几乎是零，轻工业仅为少数。毛泽东曾感慨道："现在我们能造什么？能造桌子椅子，能造茶碗茶壶，能种粮食，还能磨成面粉，还能造纸，但是，一辆汽车、一架飞机、一辆坦克、一辆拖拉机都不能造。"① 经过 70 多年的快速发展，我国门类齐全、布局合理的工业体系已基本形成，工业力量和竞争力得到进一步提高，"中国制造"在全球享有盛名，工业结构从门类单一到门类齐全，由低端制造向中高端制造迈进。

---

① 中共中央文献研究室编：《建国以来重要文献选编》第五册，中央文献出版社 1993 年版，第 292 页。

2013 年，我国主要工业品市场供应量已实现了从严重依赖外国进口到完全满足当前世界经济需求的一个历史性的大跨越。按照国际标准工业分类，在 22 个大类中，中国在 7 个大类中名列第一，钢铁、水泥和汽车等 220 多种工业品产量居世界第一位。以我国钢材行业产量情况为例，国家统计局数据显示，2023 年，我国钢材累计产量为 136268.2 万吨，比 2022 年增长 5.2%。

70 多年来，我国的产业结构也在逐步优化，从落后农业大国发展到世界制造业大国，并向服务产业为主的经济转型。1952 年，我国第一、二、三产业的增加值占 GDP 的比重分别为 50.5%、20.8% 和 28.7%，在国家优先发展现代工业三大战略的积极带动下，第二产业的综合增加值所占比例迅速大幅提高。1978 年，我国第一、二、三产业增加值占 GDP 的比重分别变为 28.2%、47.9%、23.9%。近年来，我国服务业发展势头良好，产业发展呈现由工业主导型向服务业主导型转变的新趋势。2013 年以来，第三产业增加值占 GDP 的比重超过第二产业（2023 年第三产业增加值占 GDP 的比重达到 54.6%，工业占比为 38.3%，农业占比为 7.1%），成为国民经济的第一大产业。

我国经济产业结构正在发生重要变化，这说明在过去几年中我国产业结构在不断进行转型调整和升级，取得了一些阶段性的重要成果，这意味着中国的国民经济在逐步向高水平质量创新型发展方式过渡。当代中国经济从高速增长向高质量发展迈进，开启了一个新的发展阶段。

三是基础设施建设跨越式发展。新中国成立初期，我国的铁路运营里程只有 2.18 万公里。基础设施和基础工业薄弱，严重限制了工农产业的生产和人民的生活。截至 2023 年底，我国铁路运营里程达到 15.9 万公里，其中高速铁路运营里程达到 4.5 万公里，中国成为世界上高铁里程最长、运输密度最高、成网运营场景最复杂的国家。我国公路里程为 535 万公里，其中高速公路从无到有，截至 2022 年底，全国高速公路通车总里程达 17.7 万公里，稳居世界第一。1949 年，中国的现代化港口基本上是空白的。今天，全球十大港口中，有 8 个港口是中国的主要港口。

四是科技事业不断向前发展，取得了新的突破。新中国成立初期，我国科技发展水平落后，科研人员和机构短缺，全国科技人员不超过 5 万人，专门科技机构仅有 30 多个。经过 70 多年的发展，随着科技创新能力明显提高，主要的创新指标进入全球前列，我国已成为一个具有世界影响力的技术大国。2013 年，我国成为全球第二大研发经费投入国，研发人员、专利申请总数分别连续 6 年和 8 年居全球首位。2023 年，全社会研究与试验发展经费支出为 33278 亿元，比 1995 年的 286 亿元增长 116 倍，比 2022 年增长 8.1%，占 GDP 的比重为 2.64%，超过了 15 个欧盟国家的平均水平。

党的十八大以来，我国在载人航天、探月工程、量子科学、深海探测、超级计算机、卫星导航等多个领域取得了重大成果，创新驱动发展战略的成效不断显现。世界知识产权组织《2020 年全球创新指数（GII）报告》显示，我国科技进步贡献率从 2012 年的 52.2% 上升到 2020 年的 60% 以上，国家创新能力排名从 2012 年的第 20 位上升到 2020 年的第 14 位。近几年来，中国的科技创新取得了非常不错的成绩，从基础科学到应用技术，众多的创新成果惠及世界各国人民。中国科技创新逐渐进入与世界先进水平跟跑、并跑和领跑并存的状态，“我们需要中国”“和中国一起做”也逐渐成为国际科技界的流行语。

对外开放的成就为世人所认可。新中国成立至改革开放之前，我国的对外贸易规模较小，贸易合作伙伴较少，基本上是封闭半封锁

“中国天眼”（FAST）

的。改革开放后，我国在对外经贸方面的合作深度不断扩大。对外贸易规模不断扩大，2013 年进出口总值突破 4 万亿美元，占世界总量的 11%，超过了美国，跃居全球第一。改革开放 40 多年来，以美元计算，中国对外商品贸易增长近 200 倍，年均增长 14.5%。截至 2018 年底，中国有 1400 个商品出口份额居全球第一，是全球第一贸易大国，外贸直接带动了近 2 亿人就业。

中国的发展不仅为中国人民带来了好处，对世界经济发展的贡献也有所提高。1978 年，我国的 GDP 在世界排名第 11 位；2007 年超过德国，名列世界第三；2010 年，我国超过了日本，成为全球第二大经济体。2013 年以来，中国在世界经济发展方面的贡献一直保持在 30% 左右，始终位居世界首位，2017 年达到 34.6%，是美国的两倍

2021年6月17日9时22分，长征二号F遥十二运载火箭将神舟十二号载人飞船送入太空，聂海胜、刘伯明、汤洪波3名航天员被送入太空。图为神舟十二号载人飞船升空前的图片（中新图片 / 汪江波）

左右。截至2023年，中国连续多年对世界经济增长贡献率超过30%。中国是世界经济发展的主要动力和全球增长的重要推动力量。

（二）政治发展道路越走越宽广

一个国家要实行哪种政治体制，走什么方式的政治发展道路，必须符合本国国情和实际特点。新中国成立以来，特别是改革开放后，我们党在发展社会主义民主政治问题上取得了重大成就，为实现人民最广泛的民主而确立了正确的方向。进入新时代，中国特色的社会主义政治发展之路越来越宽广，保障人民当家作主的制度体系也日益完善，社会主义民主政治得到了良好发展。

人民代表大会制度日益完善，切实保障了人民当家作主的政治权利。人民代表大会制度是坚持党的领导、人民当家作主、依法治国的有机统一，是我国的根本政治制度。在中国，实行人民代表大会制度是中国人民在政治制度历史上的一次伟大创造，是对近代以后中国政治生活的惨痛教训进行深刻总结所作出的正确判断，是 100 多年来社会改革和发展的必然结果，是中国人民翻身做主人、掌握自己的命运的必然选择。

1953 年，中国广大老百姓终于首次免费领取选民证，参加了全国人民代表大会代表的首次选举，投票率为 85.88%，近 3 亿选民参加了这次全国大选投票。1954 年 9 月召开的第一届全国人大一次会议，颁布了已经由 1.5 亿中国人多次参与讨论并表决的《中华人民共和国宪法》。这是一部真正体现人民民主精神的宪法。自 1954 年 9 月全国人民代表大会开展普选以来，人民代表的来源更加广泛，结构也更加优化。第十一届全国人民代表大会上，首次出现了农民工代表，一线劳动人员和农民代表的数量也大大增加，每个少数民族都有自己的代表。

“人民选我当代表，我当代表为人民。”70 多年来，千百万人民代表担负起人民的重托，积极履行自己的职责。这些代表来自全国各地，代表各阶层和各民族。他们通过各种制度化的渠道反映人民群众的诉求，接地气、懂民情，切实把“民有所呼，我有所应”落到实处。2022 年 6 月 29 日，中共中央宣传部举行“中国这十年”系列主题新闻发布会，全国人大常委会办公厅研究室主任宋锐表示，这十年，是人大代表工作机制更加健全、实现跨越式发展的十年。按照内容高质量、办理高质量的要求，十三届全国人大常委会认真办理了人大代表提出的 4648 件议案、84028 件建议，做到了件件有回音、有落实，推动解决了一批人民群众普遍关心的突出问题。2023 年 12 月 5 日，在河北正定举行的全国人大代表建议办理工作座谈会指出，十四届全国人大一次会议期间代表们向大会提出的 8314 件建议，已经全部办理完毕并答复代表。2023年3月十四届全国人大一次会议期间，代表们依法履职，共提出建议8314件。其中涉及加快构建新发展格局、着力推动高质量发展的占比为46.5%，涉及增进民生福祉、提高人民生活品质的占比为15.9%。代表们坚持践行全过程人民民主，密切联系人民群众，在调研、视察、座谈、走访等基础上提出的建议比例不断提高。

从人民选举投票到行政履职，从行政立法审查到行政督导，70多年的风雨历程中，人民代表大会制度体系不断加强，逐步完善，深刻地根植于中华大地，显示出勃勃生机和鲜活的生命力。

人民政治协商制度的作用日益彰显。中国共产党领导的多党合作与政治协商制度，是我国基本的政治制度，是中国共产党、中国人民与各民主党派、无党派人士的伟大政治创造，是在中国的土地上生长起来的一种新型的政党体制。与中外的各类政党制度相比，这一体制具有广泛的、民主的、科学的特性。

1949年，中国人民政治协商会议和新中国同时诞生，开创了中国特色协商民主政治的新局面。70多年来，人民政协已经成为当代中国各党派参政议政、团结合作的一个重要舆论场所，成为各级党政部门、领导干部以及党内外人士凝心聚力、广泛汇集民智、进行科学民主决策的重要舆论通道。通过政协这个重要渠道，不同的党派、民族、宗教和社会阶层中的代表充分表达意见，经过政治协商达成一致后，在我们党和政府制定的方针和政策中得到充分反映。

改革开放40多年来，全国政协每次建言献策都与国计民生有关，每次政治协商、参政议政都对未来的发展产生影响。高质量打赢脱贫攻坚战，加强在网络环境中对知识产权的保护，增进小微民营企业的“获得感”，治水下好“一盘棋”……围绕人民群众关心的问题，政协委员“建言建在需要时、议政议到点子上、监督监在关键处”。70多年来，我国的社会主义民主是最广泛，也是最有效地维护人民基本利益的民主。

民族区域自治制度为我国各族人民当家作主提供全面保障。1949年9月，中国人民政治协商会议通过的《中国人民政治协商会议共同纲领》规定，中国各民族一律平等，在建立一个统一的多民族的国家时，在各少数民族聚居区实行自治，设立一个自治机构来行使政府的权力。这标志着民族区域自治制度的正式建立，它作为中国解决民族问题的政治制度发挥着不可替代的重要作用。民族区域自治制度在1954年以后写入了我国的每一个版本的宪法，作为治国安邦的重要制度被确定下来。目前，我国55个少数民族中有44个实施了民族区域自治，并且建立了155个民族自治地方。

民族地区自治制度实行后，国家不断改革、加大扶持力度，经济社会发展加快，民族自治地区的基础设施条件得到了很大的改善，各民族群众的生活环境发生了翻天覆地的变化，生活水平发生了质的飞跃，教育、文化和医疗保健等事业也得到了全面的发展。如今，我国已形成全民族平等互助、各地区合作发展的良好局面。各民族地区的人民群众与全国人民同甘共苦，为全面建设社会主义现代化强国而携手奋进。

基层民主自治迈出了实质性步伐。基层群众自治制度是我国的一项基本政治制度。1980年2月，广西壮族自治区出现了全国第一个村民委员会，村干部由村民选举产生。我国的村民自治政策正逐步加强和完善，并逐渐实现了法治化和规范化。同时，城镇社区的公共事务民主决策的形式也不断丰富，从社区居民会议到社区论坛，从协商会议到社区听证会，城镇社区群众的民主意识和参与意识不断增

2019年庆祝中华人民共和国成立70周年大会群众游行队伍中的“当家作主”方阵（中新图片/盛佳鹏）

强。以1989年颁布的《中华人民共和国城市居民委员会组织法》为起点，全国10万多个社区居民委员会普遍举行了5次以上的换届选举。广大城市群众依法行使民主选举权、民主决策权、民主管理权和民主监督权，对基层机构的公共事务和公益工作实行民主自治，这已成为中国当代最直接和最广泛的民主实践。

中国特色协商民主向着更加广阔、更加多维的方向发展。习近平总书记说：“有事好商量，众人的事情由众人商量，找到全社会意愿和要求的最大公约数，是人民民主的真谛。”[①]协商民主是中国特色社

① 习近平：《在庆祝中国人民政治协商会议成立65周年大会上的讲话》，人民出版社2014年版，第13页。

会主义民主政治的独特民主形态，是在中国共产党的领导下，人民内部各个方面都围绕着改革、发展和稳定的一系列重大问题，以及涉及群众切身利益的实际问题，在决策前和决策实施过程中进行广泛的协商，努力建立共识的重要民主形态，这也是我国目前积极践行的协商民主的广泛社会基础。新中国成立 70 多年来，中国特色社会主义协商民主形成了 6 个特色：一是政党的协商有作为和有行动；二是政府协商取得进展；三是政协磋商有创新；四是立法协商有亮点；五是基层磋商有进步；六是社会协商有探索。这些都为建设和完善中国特色社会主义政治体系提供了重要保障，为坚持和发展中国特色社会主义政治体系提供了重要途径，为推动国家治理体系和治理能力现代化提供了重要支持，为世界政治文明的发展作出了重要贡献。

新中国民主政治发展 70 多年的历史告诉我们：中国特色社会主义民主政治是植根于我国的政治文化，符合中国国情和社会发展规律，是借鉴当代世界的政治文明成就而开辟的一条新的民主政治发展道路。中国社会主义制度下的民主政治制度并不是用马克思经典作者所设想的“模板”，也不是西式民主的“翻版”，而是在延续了中国传统政治的“母版”的基础上革命性的创新，是在经历了长期的探索和反复的比较，经过了实践反复验证后的一项伟大的制度创新。在前进的征程中，我国必须坚定不移走出中国特色政治发展之路，继续推动社会主义民主政治建设，不断发展社会主义政治文明。

（三）社会主义文化兴盛繁荣

文化是民族和国家的灵魂，文化是中国精神的体现。文化一旦衰败，国家必然衰亡，这是诸多国家留下的深刻教训，不能不吸取。新中国成立 70 多年来，我们党始终有着高度的先进文化自觉，千方百计加强我国的文化软实力，成绩斐然，走出了一条中国特色社会主义文化兴盛发展之路。如今，中华文化是中国面向全世界的名片，社会主义核心价值观深入人心，中华优秀传统文化得到了很好的继承和弘扬，得到了应有的创造性转化和创新性发展，文化事业取得长足进步，公共文化设施和服务能力不断提升，教育事业得到前所未有的大发展，惠及更多的人民群众，文化产业如雨后春笋般蓬勃发展，相关产值年年攀升。这是一份非常不错的成绩单，为我国文化走出国门，塑造中国的良好国家形象奠定了丰厚的基础。

经过新中国 70 多年特别是改革开放 40 多年的投入和建设，我国文化事业取得长足进步。根据《中华人民共和国 2023 年国民经济和社会发展统计公报》的数据，截至 2023 年底，全国共有公共图书馆 3309 个、文化馆 3508 个。全国文化、文物系统博物馆、纪念馆自 2008 年起开始向社会免费开放，为丰富群众文化活动提供了有力支撑。此外，随着广播电视村村通、文化信息资源共享、农家书屋等重大文化惠民工程深入实施，公共文化服务能力和普惠水平不断提高，群众性文化活动日益丰富。目前，中央、省、市、县、乡、村 6 级公共文化服务体系确立。《中华人民共和国文化和旅游部 2022 年文化和旅游发展统计公报》显示，2022 年全国群众文化机构共组织开展各类文化活动 270.73 万场次，比 2021 年增长 7.4%；服务 95922 万人次，增长 15.2%。2022 年全国群众文化机构组织开展线上群众文化活动 280.96 万次。

经过改革开放 40 多年的发展，我国文化产业从无到有，不断成长壮大。1979 年，广州东方宾馆开设国内第一家音乐茶座，成为新中国文化市场兴起的标志。2002 年，党的十六大报告厘清文化事业和文化产业的关系，双轮驱动的文化体制改革拉开序幕。党的十八大以来，现代文化产业体系加快构建，供给侧结构性改革持续深化，一批文化企业和品牌做大做强，文化产业发展质量和效益不断提升。国家统计局数据显示，2022 年全国文化及相关产业增加值为 53782 亿元，比 2021 年增长 2.7%。2022 年，我国文化及相关产业规模持续扩大，营业收入超过 16.5 万亿元，比 2021 年增长 1.0%。党的十八大以来，我国电影产业不断发展。2023 年，全国电影总票房 549.15 亿元，其中，国产影片票房 460.05 亿元，占比 83.77%。全国银幕总数居全世界首位。

随着文化产品和服务的生产、传播、消费的数字化、网络化进程加快，新的文化产业应运而生。以网络演出、网络动漫、网络音乐、网络游戏、网络视频、网络文学等为代表的新型文化业态成为文化产业发展的新动能和新增长点，“互联网 + 文化”成为文化产业发展的重要趋势。国家统计局数据显示，2023 年全国规模以上文化及相关产业企业营业收入为 129515 亿元，按可比口径计算，比 2022 年增长 8.2%。

文化“走出去”步伐不断加快。文化体现国家形象，促进对外交往，加强民心相通。改革开放 40 多年来，随着中国与世界的融合不断加深，我国文化“走出去”的步伐不断加快，国际传播能力大幅提高，中华文化的国际影响力和国家文化软实力得到提升。

教育强则国家强，教育兴则民族兴。社会主义文化建设很重要的一环就是通过教育来提升人的思想文化素质。没有好的教育，社会主义文化的大繁荣、大兴盛就不可能实现。自新中国成立以来，我国进行了一系列大规模的扫盲运动。到改革开放之时，全国文盲人口已经大幅度减少。据 1982 年人口普查统计，全国文盲和半文盲人数为 2.3 亿，占当时全国人口总数的 1/4。这表明，一方面，已经改变了文盲、半文盲占人口大多数的情况；但另一方面，扫除文盲的任务依然非常艰巨。1993 年 2 月，中共中央、国务院印发的《中国教育改革和发展纲要》提出：到 20 世纪末，全国基本扫除青壮年文盲，使青壮年文盲率降到 5% 以下。到 1999 年底，全国基本普及九年义务教育的县（市、区）累计达 2430 个（含其他县级行政区划单位 145 个），人口覆盖率达 80%。2001 年 1 月 1 日，中国向全世界宣布：中国如期实现了基本普及九年义务教育和基本扫除青壮年文盲的战略目标。

2009 年初，教育部“扫盲教育处”被取消了。曾任“扫盲教育处”处长的王岱表示，此举并非意味着国家不重视扫盲工作，而是我国的文盲快扫完了。这句看似轻松的话语背后是国家为推动教育事业发展立下的不朽丰碑。新中国成立之初，中国适龄儿童小学入学率不

2018 年 8 月 22 日，内蒙古自治区苏尼特右旗乌兰牧骑队员到牧区演出

到 20%，初中入学率仅为 6%，80% 以上的人口是文盲，农村的文盲率更是高达 95% 以上，有的地方甚至十里八村都找不出一个识字的人。

如今，我国教育总体发展水平进入世界中上行列。2023 年，九年义务教育巩固率为 95.7%，比 2022 年提高 0.2 个百分点。小学学龄儿童净入学率和小学升学率分别为 99.9% 和 99.5%，初中阶段毛入学率始终保持在 100% 以上。2023 年，高中阶段毛入学率为 91.8%，比 2022 年提高 0.2 个百分点。2023 年，全国共有特殊教育学校 2345 所，比 2022 年增加 31 所。第 7 次全国人口普查公报数据表明：15 岁及以上人口平均受教育年限达到 9.91 年。职业教育以“中国特色、世界水平”为目标，每年为各行各业输送近 1000 万技术技能人才。在载人航天、量子通信等高端科技领域，一个又一个标志性成果震惊世界，一批以“中国特色、世界一流”为核心的世界一流大学和一流学科正在逐步形成。由大向强，中国吹响了建设世界教育强国的冲锋号。

（四）社会建设：让人民群众过上更加美好的生活

一位 80 岁的老人对年夜饭有这样的回忆：7 岁那年，年夜饭是手里捧的一碗不冷不热的胡萝卜汤；18 岁时，年夜饭是屋檐下望眼欲穿的腊肉；30 岁左右，年夜饭是灶台上冒着热气的鸡鸭鱼肉；到了 55 岁，年夜饭是酒店餐桌上丰盛的山珍海味；如今的年夜饭已经不存在“过年才能吃到好吃的”的情况，人们从吃得到向健康饮食转变。年夜饭的变迁，成为新中国成立 70 多年来人民生活从短缺走向充裕、从贫困走向小康的缩影。

社会民生工程成绩喜人，人民群众的幸福感和获得感年年递增。“人民对美好生活的向往就是我们的奋斗目标”——习近平总书记的这句朴实无华的话语道出了我们党的根本宗旨——为人民服务，在此宗旨的指导下，惠及全体人民群众的教育、医疗、就业、养老、扶弱和住房等一系列民生项目建设工程均已交上一份令人满意的成绩单，重点面向我国贫困地区的脱贫攻坚战在2020年底已经取得了全面的胜利。中国人民的生活自2020年之后，完全告别了过去的那种短缺和贫困状态，在全面走向小康社会的康庄大道上众行致远，获得了实实在在的物质和精神利益。

第一，劳有所得。就业是最大的民生。新中国成立以前，我国经济凋敝、民不聊生，城镇劳动力处在普遍失业的状态。1949年，全国城镇就业人员只有1533万人，城镇失业者高达474.2万人，失业率高达23.6%。70多年来，党和政府审时度势，及时调整就业政策并逐步完善就业管理体制，从计划经济时代“统包统配”的就业制度，到20世纪90年代“劳动者自主择业、市场调节就业、政府促进就业”的就业方针，再到党的十八大以来“劳动者自主就业、市场调节就业、政府促进就业和鼓励创业”的新时代就业方针，就业困难局面得到有效化解。

国家统计数据显示，2017年底，全国就业人员达7.76亿人，比1978年增加3.75亿人。城镇新增就业自2003年建立统计制度以来，年均达到1178万人左右。2017年，全国居民人均可支配收入达到25974元，扣除价格因素，比1978年实际增长22.8倍，我国已经形成世界上人口最多的中等收入群体。瑞士洛桑国际管理学院发布的《2017年度世界竞争力报告》显示，在全球最具竞争力的经济体中，中国从2016年的第25位跃升至第18位，而就业表现在全球63个主要经济体中名列首位。2019年，我国就业人口规模进一步下降至77471万人。2020年，全年城镇新增就业1186万人，超额完成了之前设定的 900 万人的目标任务，完成全年目标的 131.8%。2020 年，就业形势好转、总体稳定、好于预期。2023 年全年城镇新增就业 1244 万人，比 2022 年多增 38 万人。整体来看，我国就业形势仍然保持稳定。

第二，病有所医。没有全民健康，就没有全面小康。新中国成立初期，全国医疗卫生机构只有 3670 个，医疗床位 8.5 万张，卫生技术人员 50.5 万人。医疗设备极其简陋，医疗技术水平低下，居民医疗保障缺乏，“大病小治、小病不治”的现象较为普遍。

现在，情况发生了翻天覆地的变化。截至 2016 年底，城镇职工基本医疗保险、城镇居民基本医疗保险、新型农村合作医疗参保人数超过 13 亿人，城乡居民大病保险推进实施，疾病应急救助制度全面建立。2012 年至 2017 年，大病保险已累计赔付资金超过 3000 亿元。此外，国家统计局数据显示，截至 2023 年末，全国共有医疗卫生机构 107.1 万个，医疗卫生机构床位 1020 万张，卫生技术人员 1247 万人。居民人均预期寿命从新中国成立前的 35 岁上升到 2021 年的 78.2 岁。国家统计局发布的《2022 年〈中国妇女发展纲要（2021—2030 年）〉统计监测报告》显示，2022 年，我国孕产妇死亡率为 15.7/10 万，比 2021 年降低 2.5%，优于中高收入国家的水平。

第三，老有所养。养老是世界性难题。根据联合国的划分标准，当一个国家或地区 65 岁及以上老年人口数量占总人口比例超过 7% 时，则意味着这个国家或地区进入老龄化。1999 年，我国 65 岁及以上老年人口占总人口比例首次超过 7%，标志着我国进入人口老龄化社会。从 1999 年到 2017 年的 18 年间，我国 60 岁以上老年人口净增 1.1 亿，2017 年新增老年人口超过 1000 万。2023 年末，全国 60 岁及以上人口为 29697 万人，占 21.1%；其中，65 岁及以上人口为 21676

万人，占 15.4%。

为缓解人口老龄化压力，近年来，党中央、国务院加强顶层设计，从出台《关于加快发展养老服务业的若干意见》到印发《关于全面放开养老服务市场提升养老服务质量的若干意见》，各地区各部门持续加大政府资金投入，为养老服务提供了良好的硬件支持。截至 2023 年第三季度，全国各类养老机构和设施总数达 40 万个、床位 820.6 万张。

第四，住有所居。“安得广厦千万间，大庇天下寒士俱欢颜。”房子对于中国人来说有着不同寻常的意义。一项调查显示，8 成受调

“十三五”时期，以习近平同志为核心的党中央在民生领域提出并实施了一系列新理念新思想新战略，在幼有所育、学有所教、劳有所得、病有所医、老有所养、住有所居、弱有所扶上取得一系列历史性进展。图为 2020 年 10 月在北京长安街亮相的“安居乐业”主题花坛（中新图片 / 杜建坡）

查者认为“幸福和房子有关”，其中近7成认为“房子是幸福家庭所必需的”。

新中国成立初期，我国住房资源十分短缺，住房来源大多依靠统筹安排现有住房，或者合理分配新建住房，一些城市的人均住房居住面积甚至不到2平方米。改革开放前夕，全国190个城市人均住房面积仅3.6平方米，缺房户占城市总户数的近一半。随后，全国多个城市进行了住房改革的实践性探索，如停止福利分房，发展住房市场；租购并举，完善住房供应体系等。2022年9月14日，中共中央宣传部举行“中国这十年”系列主题新闻发布会。住房和城乡建设部副部长姜万荣表示，十年来，我国累计完成投资14.8万亿元，建设各类保障性住房和棚户区改造安置住房5900多万套，低保、低收入住房困难家庭基本实现应保尽保，1.4亿多群众喜圆安居梦。2016年，全国居民人均住房建筑面积达40.8平方米。随着居住面积的不断扩大，人们对自身的居住品质的要求也越来越高，住宅小区绿化率、社区文化等逐渐成为居住的重要标准。国家统计局发布的报告显示，2018年，我国城镇居民人均住房建筑面积39平方米，比1978年增加32.3平方米；农村居民人均住房建筑面积47.3平方米，比1978年增加39.2平方米，人均住房面积已赶上并超过德国、英国、法国等发达国家（人均35—39平方米）的水平。70多年来，从“居者忧其屋”到“居者有其屋”再到“居者优其屋”，百姓的居住梦正照进现实。

第五，弱有所扶。消除贫困、改善民生、实现共同富裕，是社会主义的本质要求。70多年来，我国贫困人口从原来的占世界总数的40%左右减少到2018年的1600万人，使7亿多贫困人口成功脱贫，占同期全球减贫人口总数的70%以上，并在2020年胜利实现了将2015年现行标准（农村贫困标准为人均年收入低于2300元人民币）

宁夏回族自治区银川市永宁县闽宁镇原隆村整齐漂亮的新住房

下的 7017 万贫困人口全部脱贫的伟大目标。我国已成为全球最早实现联合国千年发展目标中减贫目标的发展中国家。

“鳏寡孤独废疾者皆有所养”是中国古人所畅想的“大道之行”。党的十八大以来，我国陆续出台了关于农村留守儿童关爱保护、困境儿童保障、残疾人社会救助等政策，落实了困难残疾人生活补贴和重度残疾人护理补贴制度等。2023 年 11 月，为进一步提高农村留守儿童和困境儿童关爱服务质量，民政部联合 14 部门印发《农村留守儿童和困境儿童关爱服务质量提升三年行动方案》。全国初步形成以家庭赡养为基础、养老机构和互助幸福院为依托、农村老年协会参与、乡镇敬老院托底保障的农村养老服务供给格局。2021 年 9 月 26 日，在国新办新闻发布会上，中国残联副主席、副理事长程凯表示，截至“十三五”末，经过精准扶贫精准脱贫，710 万建档立卡贫困残疾人摆脱绝对贫困。107.5 万残疾人得到特困人员救助供养，1000 多万残疾人纳入最低生活保障范围，1200多万困难残疾人领取生活补贴，1400多万重度残疾人得到护理补贴。

新中国成立的70多年，是中国人民生活从短缺走向充裕、从贫困走向全面小康的70多年。看得见、摸得着的变化让人民群众拥有实实在在的获得感、幸福感和安全感。

（五）生态文明建设卓有成效

生态文明是我们共同生活的物质载体。生态文明过去曾经是我国的短板之一，延缓了我国的发展质量和速度。自科学发展观提出以后，特别是习近平同志提出“两山论”——“绿水青山就是金山银山”后，我国的生态文明建设进入了“快车道”，从过去的“求生存”到如今的“求生态”，生态环境在人民生活幸福指数中的地位越来越重要。为了不断满足人民日益增长的对美丽生态环境的需要，我国持续下大气力开展了一系列具有战略性、前瞻性和创新性的工作，推动我国生态环境保护发生了全面性的转变，食物、阳光、空气、青山、绿水和植被等与人民生活息息相关的事物越来越以原生态的面貌展现在人们面前，人民群众的满意程度普遍提升。展望未来，美丽中国的画卷更令人憧憬。

20世纪70年代，我国部分地区环境污染和生态破坏日益严重，环保工作开始提上议事日程。1972年，中国派出代表团参加联合国人类环境会议。1973年召开第一次全国环境保护会议，这一年被称为中国现代环境保护的“元年”。自此，我国初步形成了涵盖中央、省、地市三级的环保组织网络，污染防治工作也有计划地全面开展起来。

进入改革开放新时期，我国环保事业逐渐步入正轨，一系列重大环保举措相继实施。比如，把保护环境确立为基本国策、设立国家环境保护局、颁布《中华人民共和国环境保护法》等。这些有力措施为推动环保事业发展奠定了坚实基础，对防治环境污染起到了积极作用。但是，由于我们很长时期主要依靠粗放型发展模式实现经济快速增长，发达国家百年间出现的环境问题，在我国短期内集中爆发。

进入 21 世纪，我们对环境问题的认识更加深刻，积极探索环境保护之路，先后出台一系列关于环境保护的法律法规，采取一系列重大举措推进可持续发展，推动环境保护取得很大成绩。也就是在这个时期，我们提出了建设生态文明的战略，并将其放到与经济、政治、文化、社会建设同等重要的位置，作为全面建设小康社会的目标之一。

党的十八大以来，以习近平同志为核心的党中央把建设美丽中国摆在前所未有的高度，把生态文明建设纳入中国特色社会主义“五位一体”总体布局，把坚持人与自然和谐共生纳入新时代坚持和发展中国特色社会主义基本方略，把绿色发展作为新发展理念，把污染防治纳入三大攻坚战，以最坚定的决心、最严格的制度、最有力的举措，推动我国生态文明建设不断迈上新台阶。

法律法规不断完善。保护生态环境必须依靠制度、依靠法治。我国生态环境保护中存在的突出问题大多同体制不健全、制度不严格、法治不严密、执行不到位、惩处不得力有关。只有充分发挥法治的保障作用，让法律“长出牙齿”，才能保证党中央关于生态文明建设的决策部署落地生根，也才能让群众望得见山、看得见水、记得住乡愁。

据统计，改革开放 40 多年来，我国共制定环保法律 13 部，资源保护与管理法律 20 余部，生态环保行政法规 30 余部，基本形成了以

党的十八大以来，我国生态文明建设发生了历史性、转折性、全局性变化，为2035年美丽中国建设目标基本实现奠定了坚实基础。图为“绿水青山就是金山银山”理念发源地浙江省安吉县余村（中新图片／王刚）

《中华人民共和国环境保护法》为主导，覆盖大气、水、土壤、核安全等方面的法律法规体系。特别是党的十八大以来，我们加快推进生态文明顶层设计和制度体系建设，相继出台《关于加快推进生态文明建设的意见》《生态文明体制改革总体方案》，制定了40多项涉及生态文明建设的改革方案，从总体目标、基本理念、主要原则、重点任务、制度保障等方面对生态文明建设进行全面系统的部署安排。全国人大常委会、最高人民法院、最高人民检察院对环境污染和生态破坏界定入罪标准，加大惩治力度，形成高压态势。污染治理力度之大、制度出台频度之密、监管执法尺度之严、环境质量改善速度之快前所未有。

环境质量不断改善。随着绿色发展理念深入人心，发展方式加快转变，生态治理持续推进，美丽中国的绿色底色一天天越发清新养眼，人民群众源自生态环境的获得感、幸福感、安全感显著增强。

天更蓝，空气质量提升。我国在快速发展的过程中有了“成长的烦恼”，遇到了 $PM_{2.5}$（细颗粒物）这个“不速之客”。自 2013 年我国实施《大气污染防治行动计划》以来，环境空气质量形势总体向好，达标城市数和优良天数有所增加。根据生态环境部公布的《2022中国生态环境状况公报》，2023 年，全国 339 个地级及以上城市环境空气质量平均优良天数比例为 86.5%；$PM_{2.5}$ 平均浓度为 29 微克 / 立方米，同比下降 3.3%；PM_{10}（可吸入颗粒物）平均浓度为 51 微克 / 立方米，同比下降 5.6%。

水更清，黑臭少了。20 世纪 70 年代，官厅水库污染治理拉开了我国水污染治理的序幕。近年来，我国全面推行河长制，以保护水资源、防治水污染、改善水环境、修复水生态。如今，河湖生态环境有了明显改善。2022 年，全国地表水监测的 3629 个国控断面中，Ⅰ－Ⅲ类水质断面占 87.9%，劣Ⅴ类水质断面比例下降到 0.7%。早在 2016 年，我国城镇污水处理能力就达到了 1.8 亿多吨，成为全世界污水处理能力最强的国家之一。

地更绿，人进沙退。半个多世纪以来，塞罕坝人肩负修复生态、保护生态的重任，创造了“沙漠变绿洲、荒原变林海”的绿色奇迹。塞罕坝机械林场就是我国生态修复的鲜活样本。70 多年来，我国先后实施了“三北”防护林体系建设、退耕还林还草等重点工程，广泛开展全民义务植树，扎实推进社会造林。全国人工林面积由改革开放初期的 3.3 亿亩扩大到 2023 年的 13.14 亿亩，居世界首位。退耕还林工程累计造林 4.47 亿亩。我国森林覆盖率提高到 24.02%，森林蓄积量从 90.28 亿立方米增加到 194 亿立方米，成为全球森林资源增长最多和人工林面积最大的国家，世界越来越绿了，而中国的造林行动是主要贡献之一。

“装点此关山，今朝更好看。”70 多年来，我们一直为建设一个山川秀美的新中国而不懈努力；展望未来，美丽中国的图景更加令人憧憬。我们相信，在习近平生态文明思想的指导下，只要全国上下一心，持之以恒地推进生态文明建设，驰而不息，久久为功，就一定能把我们伟大的祖国建设得更加美丽，为子孙后代留下天更蓝、山更绿、水更清的优美环境。

第四章 青山着意化为桥

为民服务的情怀

中国共产党是一个为最广大人民群众谋利益的政党，是一个全心全意为人民服务的政党。中国共产党的 100 多年，是矢志践行初心使命的 100 多年，为民服务是贯穿中国共产党百余年历史的一条红线。无论是在革命时期的革命斗争、局部执政，还是新中国成立后在全国执政，中国共产党时刻牢记自己的初心和使命，永葆为民情怀。

一、为民服务是立党之本

2004 年，胡锦涛在纪念邓小平诞辰 100 周年纪念大会上，首次提出加强党的执政能力建设的重大课题。他强调要围绕“党的执政理念、执政基础、执政方略、执政体制、执政方式、执政资源和执政环境等方面进行努力”，加强党的执政能力建设。“执政理念”位居第一，足见执政理念在执政党能力建设中的重要地位。

那什么是执政理念呢？执政理念有如下内涵：其一，执政理念是一个政党自身阶级属性和宗旨的外化，体现着政党的政治信仰，是一个政党区别于其他政党的本质属性。无产阶级政党和资产阶级政党在执政理念上会存在本质上的差异。其二，执政理念是执政党的价值取向和价值追求，支配和主导着整个政党的执政行为和执政活动，在执政基础、执政方略、执政体制、执政方式、执政能力等执政党理论和实践中处于核心地位，执政党的一切问题都由它产生，围绕它展开。其三，执政理念本身也是一个多元的综合概念，包含了为谁执政、靠谁执政、如何执政和怎样实现长期执政等基本问题，但其根本问题是“为谁执政”的问题。

执政理念对于执政党和国家来说具有非常重要的意义。对于执政党而言，执政理念是执政党公开树立的鲜明旗帜。执政理念能不能被社会成员广泛认同，决定着一个政党能不能获得执政合法性，能不能长期执政，能不能有效执政。因此，拥有先进、明确、一以贯之的执政理念是一个执政党成熟的重要标志。对于国家而言，执政党的执政理念则决定着国家大政方针的制定和实施。执政党总是在一定执政理念的指导下，通过法定程序把自身的意志上升为国家意志，并通过执政活动得以实施。从某种意义上说，执政党的价值取向决定了它执政的国家的价值取向。

执政理念中的根本问题是“为谁执政”的问题。“为谁执政”的问题是立党之本，党能不能行稳致远，不是看枪杆子硬不硬，而是看这个党是否能够摆正“为谁执政”的根本问题。然而，“为谁执政”绝不是一种言辞华丽的自我标榜，而是由政党的阶级属性所决定，渗透在具体的执政行为之中，并由执政行为表现出来的价值取向。对于无产阶级政党来说，能否做到人民至上、一心为公，是立党之本，关系党的生死存亡；能否做到执政为民、为民服务，又是执政之基，关系国家的兴废盛衰。

20 世纪 80 年代末 90 年代初的苏联解体和东欧剧变是世界无产阶级执政党发展史上的一场重大灾难。苏联共产党，一个拥有 88 年历史、1500 万名党员的大党，一夜之间，突然宣布解散，苏联随之解体。这固然有其异常复杂的历史背景和现实原因，但从本质上讲，与苏联和东欧各国共产党在为民执政理念上出现重大偏差和严重失误密切相关。解体前的苏联社科院的一项调查显示：认为苏联共产党能代表人民的人数占总人数的 7%，而认为代表官僚、干部、工作人员的却占 85%。正是执政为民意识的淡薄和权力的变异，加速了苏共的垮台。

苏联解体之前，苏共内部的官僚作风、腐败之风盛行，导致苏共与人民离心离德。其中，苏共干部的种种特权是典型表现。曾任苏共中央政治局候补委员、苏共莫斯科市委第一书记的叶利钦在其自传中，对苏联的种种特权加以披露：特权阶层有专门的医院、专门的疗养院、漂亮的餐厅和那赛过“皇宫盛宴”的特制佳肴，还有舒服的交通工具。你在职位的阶梯上爬得越高，归你享受的东西就越丰富。就连他这个政治局候补委员这样的级别，都配有 3 个厨师、3 个服务员、1 个清洁女工，还有 1 个花匠。

苏共的特权阶层和腐败现象，表面上只是执政党的一种可耻、错误的行为，但它反映的是执政党没有把人民的根本利益放在最重要的位置，抛弃了为民执政的价值追求，自然就丧失了无产阶级政党的立党之本，最终没能逃脱亡党亡国的命运。

中国共产党的执政理念是立党为公、执政为民。中国共产党是马克思主义科学理论指导下的无产阶级政党，自诞生以来就把一心为公作为立党之本，把人民至上视为党的生命；更为重要的是，中国共产党在实践中能够始终如一地贯彻、践行这一理念，实现了立党为公、执政为民理论和实践的高度统一。

二、为民服务情真意切

什么是中国共产党的为民服务情怀？2016 年 10 月 21 日，在纪念红军长征胜利 80 周年大会上，习近平总书记讲到“半条被子”的故事：“一部红军长征史，就是一部反映军民鱼水情深的历史。在湖南汝城县沙洲村，三名女红军借宿徐解秀老人家中，临走时，把自己仅有的一床被子剪下一半给老人留下了。老人说，什么是共产党？共

湖南省汝城县沙洲村“半条被子”雕塑（中新图片／邓霞）

产党就是自己有一条被子，也要剪下半条给老百姓的人。”[①]当年徐解秀老人发自肺腑的这句话，已经形象地诠释了中国共产党为民服务情怀的内涵。

中国共产党是用马克思主义科学理论武装起来的政党，这决定了立党为公、执政为民是中国共产党的核心执政理念。中国共产党在成立之初，就明确表示以“唯物史观为吾党的哲学根据”。唯物史观认为，社会历史本质上是人民群众实践活动的历史，人民群众是社会历史的主体。人民群众在历史中的主体地位有三层内涵：一是人民群众是社会历史的实践主体，人民群众是历史的推动者、创造者。马克思主义政党要紧紧依靠人民的力量推动历史的发展。二是人民群众是社会历史的价值主体，社会发展的终极目标是实现人民自由而全面的发展。马克思主义政党要始终把维护好、实现好、发展好人民的利益作为自己的奋斗目标。三是人民群众是社会历史的评价主体，历史发展的成败得失最终要由人民群众评判。马克思主义政党认为，执政党的政策好不好，归根结底要看人民群众满意不满意、答应不答应、赞成不赞成。马克思主义唯物史观关于人民是社会历史的主体的基本观点，决定了马克思主义政党的人民立场，也决定了马克思主义理论指导下的政党必然将人民群众作为立党之本、执政之基和力量之源。表现在执政理念上，就是要为人民执政、靠人民执政、由人民评判。

中国共产党的无产阶级阶级属性，决定了它必然把为民服务、为民执政作为其核心执政理念。《中国共产党章程》总纲第一段明确指出：“中国共产党是中国工人阶级的先锋队，同时是中国人民和中

① 中共中央党史和文献研究院编：《十八大以来重要文献选编》下，中央文献出版社 2018 年版，第 399 页。

华民族的先锋队，是中国特色社会主义事业的领导核心，代表中国先进生产力的发展要求，代表中国先进文化的前进方向，代表中国最广大人民的根本利益。党的最高理想和最终目标是实现共产主义。”“两个先锋队”和“三个代表”规定了党的性质，凝结着中共中央几代领导集体和全党对共产党执政规律不懈探索的卓越智慧。最后一句规定了党的政治信仰和奋斗目标是实现共产主义。党的性质和政治信仰都决定了中国共产党是代表人民利益、依靠人民力量、实现人民解放、谋取人民幸福的政党，中国共产党的根基在人民，力量在人民，情怀在人民，目标也在人民。这是由中国共产党的阶级属性所决定的。

千锤百炼终成钢。中国共产党的为民情怀是在历史发展过程中逐步形成、发展和不断升华的。回顾党的百余年历史，中国共产党的为民情怀贯穿革命、建设、改革开放的每一个历史阶段，体现在党为实现不同阶段历史任务而确定的奋斗目标之中。

新民主主义革命时期，为实现人民解放，就要努力推翻压在人民身上的三座大山，毛泽东指出：“中国人民正在受难，我们有责任解救他们，我们要努力奋斗。”[①]28 年闹革命，中国共产党人不畏艰险、前赴后继，为的是能让人民群众翻身作主人，毛泽东把这称作“全心全意为人民服务”。

1944 年 9 月 5 日，一位普通战士张思德在陕北山中烧炭，炭窑突然崩塌，他奋力将队友推出窑外，自己却被埋牺牲。得知消息后，毛泽东提出一定要给他开个追悼会。9 月 8 日，毛泽东在张思德的追悼会上，发表了《为人民服务》的著名讲演，号召全党全军学习张思德同志为人民服务的精神。之后，为人民服务的思想被毛泽东不断丰

---

①《毛泽东选集》第三卷，人民出版社 1991 年版，第 1005 页。

富和深化，并被确立为我们党的根本宗旨。除了《为人民服务》，抗战时期，毛泽东还发表了《纪念白求恩》《愚公移山》，三者统称“老三篇”。“老三篇”用大家身边的人、熟悉的事通俗易懂地讲述了党与人民的关系、党的根本宗旨和党的根本立场对党员的具体要求等群众路线的基本问题。1945 年，党的七大把“全心全意为人民服务”作为党的根本宗旨写进党章，明确为党的核心价值追求，并形成了“一切为了群众，一切依靠群众，从群众中来，到群众中去”的群众路线，这是中国共产党的政治路线和工作路线。中国共产党正是靠这个宗旨、这条路线，取得了新民主主义革命和社会主义改造的伟大胜利，并在社会主义建设和改革开放中取得了巨大成就，彻底改变了人民受剥削、受压迫的命运，人民生活状况明显改善。中国共产党实现了从“革命为民”到“执政为民”的伟大转变。

40 多年的改革开放成就举世瞩目，中国共产党也依据人民群众需要的时代变化，不断拓展和丰富自己的执政理念。

2012 年 11 月 15 日，当选中共中央总书记的习近平和中共中央政治局常委，在人民大会堂同中外记者亲切见面。这是中国共产党十八届领导集体的首次公开亮相。其间，习近平总书记发表了一段简短的讲话。他说：“全党同志的重托，全国各族人民的期望，是对我们做好工作的巨大鼓舞，也是我们肩上的重大责任。”“这个重大责任，就是对人民的责任。”“我们的人民热爱生活，期盼有更好的教育、更稳定的工作、更满意的收入、更可靠的社会保障、更高水平的医疗卫生服务、更舒适的居住条件、更优美的环境，期盼孩子们能成长得更好、工作得更好、生活得更好。人民对美好生活的向往，就是我们的奋斗目标。”[①]

习近平担任总书记后的第一次公开讲话就谈到“对人民的责任”，并且把它具体化为实现“人民对美好生活的向往”，宣示了中国共产党执政为民的坚定决心，体现了中国共产党执政为民目标的与时俱进。改革开放40多年来，我国经济社会发展成就举世瞩目，人民生活水平大幅提高，由原来满足人民物质文化需要，提升为满足人民美好生活需要，体现了中国共产党对为民执政理念的创新和发展，更体现了中国共产党对新时代新任务的主动担当。

从“全心全意为人民服务”到“以人民为中心”，时代在变，党的任务也在变，但不变的是中国共产党人的为民情怀，这种对人民的深切情怀，在重大危难之前显得更加清晰可见。

血吸虫病是危害民众身心健康、阻碍社会经济发展的重大疾病。当年，血吸虫病在我国流行甚久，遍及南方12个省市，患病的人数有1000多万，受感染威胁的人口超过1亿人，对于人民健康的危害是极其严重的，轻则丧失劳动力，重则死亡。患病的妇女不能生育，患病的儿童发育受影响，病区人口减少，生产力下降，少数病区甚至田园荒芜，人烟凋敝。人民群众把这种血吸虫病叫“瘟神”，把消灭这种病叫“送瘟神”。

1955年仲夏正当农忙时节，毛泽东外出视察工作。他一路从北向南，有时细察，有时访问，有时召集当地负责人座谈。到了杭州，毛泽东对身边的工作人员说，开会期间不要搞其他活动，要帮助他去了解杭州郊区农民的生活情况。

于是，这几名工作人员就到杭州郊区的余杭地区去调查访问。

---

①《习近平谈治国理政》，外文出版社2014年版，第3、4页。

他们走进一座村庄，了解到分到田地，再也不受压迫、不受剥削的普通老百姓对毛泽东、共产党的深厚感情时非常感动；可是，害了“大肚子病”（这是当地群众的叫法，即血吸虫病）又使他们万念俱灰。当广大群众听说毛泽东在想办法帮他们医治这种“自古以来的不治之症”时，都露出了笑容。

工作人员回来后，把情况一五一十地报告给了毛泽东。毛泽东听后寝食难安，他的卫士李家骥曾回忆一天夜里他值班时的情况：“毛主席说，我睡不着。你们这次去看，那么多孩子，那么多年轻人，那么多上了岁数的老人，都得了血吸虫病，我们工作没有做好啊……我们要想办法，及早治这个病，根除这个病还要想办法。”

于是，毛泽东对此展开了进一步的调查研究。他先后同上海市委和华东地区几个省的省委书记座谈，了解情况，商讨对策。

1955 年 11 月 17 日，毛泽东专门请在北京的卫生部副部长徐运北来杭州，报告关于防治血吸虫病的情况，还指示徐运北要立即到疫区实地调研。1955 年 11 月，毛泽东在杭州召开了中央工作会议。会上，毛泽东提出：“对血吸虫病要全面看，全面估计，它是危害人民健康最大的疾病，应该估计到它的严重性。共产党人的任务就是要消灭危害人民健康最大的疾病，防治血吸虫病要当作政治任务，各级党委要挂帅，要组织有关部门协作，人人动手，大搞群众运动。一定要消灭血吸虫病！”

1955 年 11 月 22 日至 25 日，中央血吸虫病防治领导小组在上海召开了第一次全国防治血吸虫病工作会议，参加会议的有 7 个省市的省、市、地、县的党政领导和防治科技人员及专家共 100 余人。会上传达了根据毛泽东的提议，党中央关于成立血吸虫病防治领导小组的决定，提出了 7 年消灭血吸虫病的大体部署，以及落实这一部署的具体行动方案。

1956 年 2 月 17 日，毛泽东在最高国务会议上发出了“一定要消灭血吸虫病”的战斗号召。3 月 3 日，毛泽东接到中国科学院水生动物专家秉志 2 月 28 日写给他的信：鉴于土埋灭螺容易复生，建议在消灭血吸虫病工作中，对捕获的钉螺采用火焚的办法，永绝后患。毛泽东看了非常高兴，当即指示卫生部照办。[①]

1958 年 6 月 30 日，《人民日报》在醒目版面以《第一面红旗》为题，报道了江西省余江县消灭血吸虫病的喜讯。毛泽东读到这则消息后，激动不已，于 7 月 1 日早晨挥笔写下《七律二首・送瘟神》。

其一

绿水青山枉自多，华佗无奈小虫何！
千村薜荔人遗矢，万户萧疏鬼唱歌。
坐地日行八万里，巡天遥看一千河。
牛郎欲问瘟神事，一样悲欢逐逝波。

其二

春风杨柳万千条，六亿神州尽舜尧。
红雨随心翻作浪，青山着意化为桥。
天连五岭银锄落，地动三河铁臂摇。
借问瘟君欲何往，纸船明烛照天烧。

毛泽东还专门为这两首诗写了后记，对这场消灭血吸虫病的

---

① 参见罗元生：《毛泽东〈送瘟神〉诗中的为民情怀》，《学习时报》2019 年 8 月 19 日。

人民战争进行了总结："主要是党抓起来了，群众大规模发动起来了。党组织，科学家，人民群众，三者结合起来，瘟神就只好走路了。"[①]1958 年 10 月 3 日，《人民日报》发表了毛泽东的这两首诗，新华社以十几种语言向全世界播发。几十个流行血吸虫病的国家向中国发来贺电，十几个国家派人员来华学习经验。在党的坚强领导和人民群众广泛参与下，新中国仅用了两年多时间就在大部分地区根除了祸害人民群众几百年之久的血吸虫病，创造了人类同病魔斗争的一次伟大壮举。

历史有时候惊人地相似。2020 年新年伊始，一场突如其来的新冠疫情肆虐中华大地，这场疫情是百年来全球发生的最严重的传染病大流行，是新中国成立以来我国遭遇的传播速度最快、感染范围最广、防控难度最大的重大突发公共卫生事件。

面对新冠疫情，以习近平同志为核心的党中央统揽全局、果断决策，坚持把人民生命安全和身体健康放在第一位，第一时间实施集中统一领导，中央政治局常委会、中央政治局多次召开会议研究决策，迅速打响疫情防控的人民战争、总体战、阻击战。

习近平总书记在党的二十大报告中指出："特别是面对突如其来的新冠肺炎疫情，我们坚持人民至上、生命至上，坚持外防输入、内防反弹，坚持动态清零不动摇，开展抗击疫情人民战争、总体战、阻击战，最大限度保护了人民生命安全和身体健康，统筹疫情防控和经济社会发展取得重大积极成果。"

危难之时显真情。不管是 20 世纪 50 年代在世界上最早根除流行

---

① 中共中央文献研究室编：《毛泽东诗词集》，中央文献出版社 1996 年版，第 235 页。

性血吸虫病，还是2020年在世界上最先控制住新冠疫情，都充分彰显了中国共产党全心全意为人民服务的根本宗旨和一切为了人民、一切依靠人民的为民情怀。这正是中国共产党获得人民拥护爱戴、战胜各种困难和挑战、赢得事业兴旺发达的根本原因。

三、为民服务强根固基

中国共产党已经迎来百余年华诞。百余年披荆斩棘，百余年砥砺前行，百余年初心不改，百余年情怀依旧。中国共产党人民至上、为民服务，时刻把人民的安危冷暖放在心上的深厚为民情怀，彰显着无产阶级政党的鲜明价值取向，唤起和激发出人民群众的伟大创造力，凝聚成推动中国革命、建设、改革事业从一个胜利走向另一个胜利的磅礴伟力，构筑起中国共产党执政的牢固根基。

中国革命、建设、改革的光辉历程和伟大实践证明，中国共产党正是心中时刻装着人民，全心全意为人民，紧紧依靠人民，中国革命、建设和改革才披荆斩棘，无往而不胜。

在抗日战争时期，中国共产党就充分认识到人民群众的巨大力量。1938年5月，毛泽东发表《论持久战》，指出："战争的伟力之最深厚的根源，存在于民众之中。"①毛泽东深刻论述了人民群众是胜利之本，广泛发动群众是取得抗日战争胜利的决定因素的基本思想。

解放战争时期，人民群众对战争的推动作用更加凸显。

1948年秋，山东省莱阳市西陡山村的唐和恩听说村里要组织民工队到淮海前线，他顾不上收割庄稼，就匆匆加入了运军粮的支前大

①《毛泽东选集》第二卷，人民出版社1991年版，第511页。

军。路上他一直随身带着一根小竹竿，累了在路上撑着休息，过河时用它探路。每到一个地方，他都把地名用针尖刻在小竹竿上。一米多长的小竹竿就这样刻上了山东、江苏、安徽 3 省 88 个村庄、城镇的名字，记录了他 5 个月辛苦跋涉的 4000 多公里路程。小竹竿的故事后来被搬上银幕，唐和恩就是电影《车轮滚滚》中耿东山的原型。[①]

淮海战役中，像唐和恩这样冒着枪林弹雨，奋不顾身，长途跋涉，自愿参加解放军的支前民工有 543 万人，平均一名解放军战士身后约有 9 名老百姓“护航”。陈毅感慨道，淮海战役的胜利，是人民群众用小车推出来的。

2008 年，我国台湾知兵堂出版社出版了一套关于三大战役的资料——“突击丛书”。在对比国共双方投入的兵力、武器时，共产党军队这一栏多了“人民支前”这一项。而正是这一项，决定了淮海战役的胜负。[②]

人民群众为什么这么支持共产党领导的部队？因为中国共产党自成立以来，一直把解决农民的土地问题作为革命的基本目标。土地革命时期，中国共产党领导人民打土豪、分田地；解放战争时期，中国共产党开展了轰轰烈烈的土地改革运动，使千百万无地少地农民获得了土地，极大地提高了他们发展生产、支援解放战争的积极性。1936 年，毛泽东在陕北窑洞里就认识到：谁赢得了农民，谁就会赢得了中国，谁解决土地问题，谁就会赢得农民。[③]

---

① 参见陈晋等：《为了初心和使命——中国共产党一路走来的故事》，人民出版社 2019 年版，第 66 页。

② 参见陈晋等：《为了初心和使命——中国共产党一路走来的故事》，人民出版社 2019 年版，第 65 页。

③ 参见《习近平谈治国理政》第四卷，外文出版社 2022 年版，第 193 页。

1950 年 9 月 15 日，以美国为首的“联合国军”登陆朝鲜半岛，插手朝鲜内战。唇亡齿寒，美国心怀叵测，我们不能不防。10 月 19 日，中国人民志愿军入朝作战。新中国在百废待兴、极其困难和两国实力悬殊的情况下作出了抗美援朝的艰难决定。志愿军战士穿着单薄的冬衣，在夜间最低温度接近零下 30 摄氏度的朝鲜北部与装备精良的美军艰难作战。因为没有自己的空军，美国军队控制着制空权，我们的战士只能夜战。到前线采访的作家魏巍写了一篇报告文学《谁是最可爱的人》，感动了无数的读者。全国上下掀起了“抗美援朝、保家卫国”的热潮。

为了让志愿军拥有自己的飞机，中国老百姓掀起了自愿捐款购置飞机的热潮。著名豫剧表演艺术家常香玉全国巡回义演半年，为志愿军捐了一架“常香玉”号战斗机。

北京石景山钢铁厂职工的“石景山钢铁厂号”、甘肃玉门油矿职工的“石油工人号”、四川简阳棉农的“棉农号”，还有全国中小学生靠放学捡粮食、拾柴火换来的零钱捐献的“儿童号”“中国少年先锋号”，全国各个地区、各个阶层都行动起来，截至 1952 年 6 月 24 日，全国人民捐款总数足足可以购买 3710 架战斗机。强大的人民力量震撼了一切侵略者，也极大激发了抗美援朝前线广大指战员的斗志，成为抗美援朝战争胜利的决定因素。后来，彭德怀谈起抗美援朝时动情地说：“西方侵略者几百年来只要在东方一个海岸上架起几尊大炮就可霸占一个国家的时代是一去不复返了。”[①] 近代 100 多年来，中国受尽了西方列强的欺辱，是中国共产党的产生，改变了这一切，

① 中共中央文献研究室编：《建国以来重要文献选编》第四册，中央文献出版社 1993 年版，第 379 页。

中国共产党人民至上的价值追求，最终唤醒了广大人民群众的民族向心力和凝聚力，形成无坚不摧的磅礴力量，再强大的侵略者都会感到害怕。

改革开放是广大民众的一次集体觉醒。家庭联产承包责任制的实行和农村乡镇企业异军突起，都是中国共产党顺应人民期待、尊重群众首创精神的伟大结果。邓小平指出："乡镇企业是谁发明的，谁都没有提出过，我也没有提出过，突然一下子冒出来了，发展得很快，见效也快。家庭联产承包责任制也是由农民首先提出来的。这是群众的智慧，集体的智慧。我的功劳是把这些新事物概括起来，加以提倡。"[①] 邓小平反复强调要把"人民拥护不拥护、人民赞成不赞成、人民高兴不高兴、人民答应不答应"[②] 作为党制定方针、政策的出发点和归宿。

党的十八大以来，中国改革进入攻坚期和"深水区"，面对牵一发而动全身的利益调整问题，以习近平同志为核心的党中央以极大的政治勇气和智慧，推动中国迈向全面深化改革的新阶段。"我将无我，不负人民"[③]，习近平总书记关于以人民为中心的系列重要论述，体现着深切的为民情怀，回答了新时代推进全面深化改革的一系列基本问题，为新时期改革指明了方向。

关于全面深化改革的价值目标，习近平总书记说："我们的目标

---

① 中共中央文献研究室编：《邓小平年谱（1975—1997）》下，中央文献出版社2004年版，第1350页。

② 胡锦涛：《在邓小平同志诞辰100周年纪念大会上的讲话》，人民出版社2004年版，第8页。

③《习近平主席访问欧洲微镜头："欢迎你到中国去"》，《人民日报》2019年3月24日。

就是让全体中国人都过上更好的日子。”“让人民群众有更多获得感、幸福感、安全感。”[①]“生活在我们伟大祖国和伟大时代的中国人民，共同享有人生出彩的机会。”[②]

关于全面深化改革的力量源泉，习近平总书记说：“人民是历史的创造者，是决定党和国家前途命运的根本力量。”“尊重人民主体地位和首创精神，始终保持同人民群众的血肉联系，凝聚起众志成城的磅礴力量。”[③]

关于全面深化改革的方针，习近平总书记说：“要抓住人民最关心最直接最现实的利益问题，把人民群众的小事当作我们的大事，从人民群众关心的事情做起，从让人民满意的事情抓起。”“坚持以人民为中心的发展思想。”[④]

关于评判全面深化改革成败得失的标准，习近平总书记说：“把人民拥护不拥护、赞成不赞成、高兴不高兴、答应不答应作为衡量一切工作得失的根本标准。”[⑤]

党的十八大以来，户籍制度改革、考试招生制度改革、农村土地制度改革、公立医院综合改革、环保改革、司法体制改革，都是中国共产党回应人民群众的呼声，在人民群众的大力支持和广泛参与下，取得的历史性的成就。民生所指，国运所系；民心所向，政之所行。改革因为紧紧扣住人民所愿，紧紧依靠人民智慧，才充满生机活力，充满鲜花掌声。

---

①《习近平谈治国理政》第三卷，外文出版社 2020 年版，第 133、342 页。

②《习近平谈治国理政》第一卷，外文出版社 2018 年版，第 40 页。

③《习近平谈治国理政》第三卷，外文出版社 2020 年版，第 135、136 页。

④《习近平谈治国理政》第三卷，外文出版社 2020 年版，第 135、66 页。

⑤《习近平谈治国理政》第三卷，外文出版社 2020 年版，第 142 页。

一以贯之的为民情怀，是中国共产党的立党之基、动力之源。它成就了中国，也成就了中国共产党。始终保持为民情怀，始终坚持人民至上，始终坚持全心全意为人民服务，始终贯彻群众路线，这为中国共产党长期执政打下了牢不可破的坚实基础。

四、为民服务与时俱进

马克思主义理论指导下的中国共产党，自建党以来就把“立党为公”作为党的建设的中心问题，并随着实践的发展不断对这一思想进行丰富和完善，做到了与时俱进，保持了党的先进性。

党的建设要在思想上、政治上、组织上完全巩固，必须围绕党的根本宗旨进行。1942 年 5 月，毛泽东在延安文艺座谈会上的讲话中，第一次使用“为人民服务”的科学概念。1945 年 4 月 23 日，毛泽东在党的七大开幕词中指出：“我们应该谦虚，谨慎，戒骄，戒躁，全心全意地为中国人民服务。”[①]紧接着，他在党的七大报告中全面阐述了“全心全意为人民服务”的政治内涵。党的七大把“为人民服务”写进了党章，把为人民服务规定为党员必须履行的义务。这标志着党的根本宗旨的确立。为践行党的根本宗旨，党制定了群众路线：一切为了群众，一切依靠群众，从群众中来，到群众中去。前两句是马克思主义人民立场，后两句是方法论。这成为中国共产党的生命线和根本工作路线，也构成了毛泽东思想的活的灵魂。

邓小平把党的宗旨进一步发展为“三个有利于”标准和“人民标准”。针对改革政策引发的“姓资”与“姓社”的争论，邓小平在

① 《毛泽东选集》第三卷，人民出版社 1991 年版，第 1027 页。

1992 年南方谈话中指出，判断改革得失的标准，“应该主要看是否有利于发展社会主义社会的生产力，是否有利于增强社会主义国家的综合国力，是否有利于提高人民的生活水平”[①]。“三个有利于”标准是从党的宗旨的角度出发，把改革的出发点和落脚点放在“提高人民的生活水平”上。之后，他又提出，要把“人民拥护不拥护、人民赞成不赞成、人民高兴不高兴、人民答应不答应”作为评判一切工作是非成败的标准。“三个有利于”标准和“人民标准”从改革开放实践的角度和方法论的角度进一步丰富了党的根本宗旨的思想。

以江泽民同志为主要代表的中国共产党人，面对世情、国情、党情的新变化，围绕“建设什么样的党，怎样建设党”创立了“三个代表”重要思想。2000 年，江泽民在广东省考察期间提出：“总结我们党七十多年的历史，可以得出一个重要结论，这就是：我们党所以赢得人民的拥护，是因为我们党在革命、建设、改革的各个历史时期，总是代表着中国先进生产力的发展要求，代表着中国先进文化的前进方向，代表着中国最广大人民的根本利益，并通过制定正确的路线方针政策，为实现国家和人民的根本利益而不懈奋斗。”[②]“三个代表”重要思想是对党的根本宗旨的新发展，它把党的宗旨转化为党的建设的原则，即按照“三个代表”的要求去建设党；它把党的宗旨转化成党的建设目标，即把党建设成“三个代表”的党。

以胡锦涛同志为主要代表的中国共产党人面对我国经济社会面临的环境恶化、利益矛盾尖锐、发展不平衡等突出问题，明确提出“以人为本”为核心的科学发展观，将全心全意为人民服务落实到科

---

①《邓小平文选》第三卷，人民出版社 1993 年版，第 372 页。

②《江泽民文选》第三卷，人民出版社 2006 年版，第 2 页。

学发展上。人民的需要是多样的，所以要实现全面的发展；人民涵盖全体中国人民，所以要实现协调发展，不能顾此失彼；人民又是历史的，发展要实现可持续，今天发展了，明天还得发展，发展不仅要满足这一代人的需要，还要满足下一代人的需要。为了能够将“以人为本”为核心的科学发展观贯彻到党的执政领域，胡锦涛提出：“各级领导干部要坚持深入基层、深入群众，倾听群众呼声，关心群众疾苦，时刻把人民群众安危冷暖挂在心上，做到权为民所用、情为民所系、利为民所谋。”[①]

胡锦涛提出党的执政能力建设的新课题，认为执政能力建设是党执政后的一项根本建设。2004 年，党的十六届四中全会通过了《中共中央关于加强党的执政能力建设的决定》，总结了党执政以来的六条历史经验，这六条经验是提高党的执政能力必须遵守的基本原则。其中，第四条指出：“必须坚持立党为公、执政为民，始终保持党同人民群众的血肉联系。人民群众的拥护和支持是我们党的力量源泉和胜利之本。党只有一心为公，立党才能立得牢；只有一心为民，执政才能执得好。”这条原则，解决的是提高党的执政能力“为了谁”的根本问题。

随着中国特色社会主义进入新时代，以习近平同志为核心的党中央提出了以人民为中心的思想。在新的历史条件下，为进一步强化广大党员干部全心全意为人民服务的宗旨意识，党中央多次开展全党教育。2013 年 6 月，党中央在全党范围内开展了为期一年多的党的群众路线教育实践活动。2019 年 6 月，党中央又在全党范围内开展“不忘初心、牢记使命”主题教育。“不忘初心、牢记使命，说到底

---

①《胡锦涛文选》第二卷，人民出版社 2016 年版，第 9 页。

人民立场是中国共产党的根本政治立场，是马克思主义政党区别于其他政党的显著标志。图为 2021 年为庆祝中国共产党成立 100 周年在北京长安街亮相的“人民至上”主题花坛（中新图片 / 杜建坡）

是为什么人、靠什么人的问题。以百姓心为心，与人民同呼吸、共命运、心连心，是党的初心，也是党的恒心。想问题、作决策、办事情都要站在群众的立场上，通过各种途径了解群众的意见和要求、批评和建议，真抓实干解民忧、纾民怨、暖民心，让人民群众获得感、幸福感、安全感更加充实、更有保障、更可持续”[①]，以“让全体中国人都过上更好的日子”为目标。在经济建设上，秉持以人民为中心的发展思想，着力解决发展中不平衡、不充分的突出问题，为实现人民对美好生活的向往奠定坚实的物质基础。在政治建设上，突出强调人民

①《习近平谈治国理政》第三卷，外文出版社 2020 年版，第 138 页。

是我们党执政的最大底气，民心是最大的政治，坚持健全和完善人民当家作主的各项制度体系，保障人民各项权益依法得以实现。在文化建设上，坚持文化建设为人民服务、为社会主义服务的原则，坚定文化自信，建设文化强国，让文化改革发展成果更多更公平惠及全体人民，从而不断满足人民群众的精神文化生活需求，更好推动人的全面发展。在社会建设上，紧紧抓住“改善民生”这个任务，既打赢了精准脱贫攻坚战，又实施乡村振兴战略，扭住民生难题，一件事情接着一件事情办，一年接着一年干，让人民群众有更多获得感、幸福感、安全感。在生态文明建设上，站在中华民族永续发展的高度，习近平总书记提出“绿水青山就是金山银山”理论。“环境就是民生，青山就是美丽，蓝天也是幸福”，围绕人民美好生活需要建设生态文明，打好打赢防治环境污染攻坚战。在党的建设上，把政治建设摆在党的建设首位，以政治建设为统领。加强党的政治建设，紧扣民心这个最大的政治，把赢得民心民意、汇集民智民力作为重要着力点。

习近平总书记在党的二十大报告中强调，全党要坚持全心全意为人民服务的根本宗旨，树牢群众观点，贯彻群众路线，尊重人民首创精神，坚持一切为了人民、一切依靠人民，从群众中来、到群众中去，始终保持同人民群众的血肉联系，始终接受人民批评和监督，始终同人民同呼吸、共命运、心连心。

五、为民服务永无止境

发展为了人民，这是马克思主义的根本立场。马克思、恩格斯指出：“无产阶级的运动是绝大多数人的、为绝大多数人谋利益的独立的运动。”[①]中国共产党是用马克思主义理论武装起来的政党，是代表中国最广大人民群众根本利益的无产阶级政党，因此中国共产党永远把“人民至上”写在自己的旗帜上，中国共产党的为民情怀将永不褪色。从“为人民服务”到“以人民为中心”，从“革命为民”求翻身到“执政为民”谋幸福，时代赋予中国共产党的为民任务在变，但中国共产党为民初心使命却始终如一。“人民至上”落到实处就是要在不同历史时期满足人民群众不断发展变化的现实利益需要。新民主主义革命时期，中国共产党领导人民闹革命，推翻三座大山，成立了新中国，人民翻身作了主人，这就是为人民谋取最大利益。社会主义革命和建设时期，中国共产党带领人民确立了社会主义制度，实现了中国历史上最伟大、最深刻的社会变革，带领人民开始了大规模的社会主义建设，巩固了我国的社会主义制度，为开创和发展中国特色社会主义奠定了基础，这也是为人民谋取最大利益。改革开放以来，中国共产党找到了适合中国国情的中国特色社会主义道路，带领人民坚持“以经济建设为中心”，从解决温饱到总体小康，再到全面建成小康社会，从满足人民基本物质文化需要，到满足人民美好生活需要，为人民谋幸福的内涵不断丰富。《共产党宣言》指出：“代替那存在着阶级和阶级对立的资产阶级旧社会的，将是这样一个联合体，在那里，每个人的自由发展是一切人的自由发展的条件。”[②]马克思主义追求的根本价值目标是实现人的自由而全面的发展。实现“人的自由而全面的发展”，一方面体现了马克思主义发展为人民的根本立场，另一方面也为国际共产主义运动提出了一个崇高而宏大的奋斗目标。中

①《马克思恩格斯选集》第 1 卷，人民出版社 1995 年版，第 283 页。

②《马克思恩格斯选集》第 1 卷，人民出版社 1995 年版，第 294 页。

国共产党领导中国人民取得了革命、建设和改革的一个又一个伟大胜利，正在朝着实现共同富裕的社会主义根本目标而奋斗，前景可望，无限光明。当前，我国还处在社会主义初级阶段，距离实现“人的自由而全面的发展”的理想社会尚且遥远，这就决定了中国共产党为民服务的思想不断创新，为民服务的努力永不松懈，为民服务的实践永无止境。

《中共中央关于党的百年奋斗重大成就和历史经验的决议》明确指出：只要我们始终坚持全心全意为人民服务的根本宗旨，坚持党的群众路线，始终牢记江山就是人民、人民就是江山，坚持一切为了人民、一切依靠人民，坚持为人民执政、靠人民执政，坚持发展为了人民、发展依靠人民、发展成果由人民共享，坚定不移走全体人民共同富裕道路，就一定能够领导人民夺取中国特色社会主义新的更大胜利。

第五章 热风吹雨洒江天

优良的传统作风

一个政党的传统和作风是一个政党在实际工作和生活中表现出来的行为。它是一个政党的党性和世界观的外在表现。中国共产党是马克思主义指导的无产阶级政党，在长期的革命、建设和改革实践中，形成了优良的传统和作风，主要是理论联系实际的作风，密切联系群众的作风，批评和自我批评的作风，谦虚、谨慎、不骄、不躁的作风，艰苦奋斗的作风。

一、理论联系实际的作风

中国共产党是用马克思主义理论武装起来的党。在领导中国革命的实践中，把马克思主义的普遍真理与中国革命的具体实践相结合，形成了理论联系实际的优良传统和作风。这是中国共产党区别于其他政党的显著标志之一。

马克思主义是科学的世界观和方法论，是无产阶级认识世界、改造世界的强大思想武器。马克思主义理论随着实践的产生而产生，又随着实践的发展而发展。它始终严格地以客观事实为根据，体现了理论与实践的高度统一。马克思、恩格斯一再告诫人们，他们的理论是发展的理论，是行动的指南，而不是一成不变的教条，马克思主义基本原理的实际运用，随时随地都要以当时的历史条件为转移。马克思主义的生命力就在于它深深扎根于实践的土壤之中。毛泽东在1945年党的第七次全国代表大会上说："我们的党从它一开始，就是一个以马克思列宁主义的理论为基础的党，这是因为这个主义是全世界无产阶级的最正确最革命的科学思想的结晶。马克思列宁主义的普遍真理一经和中国革命的具体实践相结合，就使中国革命的面目为之一新，产生了新民主主义的整个历史阶段。"①

理论联系实际，就是把马克思主义的普遍真理和中国的具体实际情况相结合，一切从实际出发，而不是从本本出发，照搬照抄。

早在1930年5月，针对党内存在的教条主义不良倾向，毛泽东就在《反对本本主义》一文中强调"我们的斗争需要马克思主义"，马克思主义的理论必须同中国的实际情况相结合，"没有调查，没有发言权""中国革命斗争的胜利要靠中国同志了解中国情况"。这篇文章阐述了理论必须与实际相结合的重要性。1942年2月，延安整风期间，针对党内存在的主观主义和宗派主义等现象，毛泽东在《反对党八股》一文中向全党提出："必须反对空谈马克思主义；在中国生活的共产党员，必须联系中国的革命实际来研究马克思主义。"他还说："学风问题是领导机关、全体干部、全体党员的思想方法问题，

① 《毛泽东选集》第三卷，人民出版社1991年版，第1093页。

党的七大会址（中新图片/杜飞豹）

是我们对待马克思列宁主义的态度问题，是全党同志的工作态度问题。”马克思主义的活的灵魂，就是具体地分析具体情况。

1945 年 4 月，在党的七大上，毛泽东把理论联系实际作为党的三大作风之一正式提了出来。

毛泽东说，反映了全世界无产阶级实践斗争的马克思列宁主义的普遍真理，在它同中国无产阶级和广大人民群众的革命斗争的具体实践相结合的时候，就成为中国人民百战百胜的武器。中国共产党正是这样做了。我们党是从同一切违反这个真理的教条主义和经验主义作坚决斗争的过程中发展和进步起来的。教条主义脱离具体的实践，经验主义把局部经验误认为普遍真理，这两种机会主义的思想都是违背马克思主义的。我们党在自己的奋斗历程中，克服了和正在克服着这些错误思想，使得我们的党在思想上极大地巩固了。必须使各级党的领导骨干都懂得，理论和实践这样密切地相结合，是我们共产党人区别于其他任何政党的显著标志之一。因此，掌握思想教育，是团结全党进行伟大政治斗争的中心环节。如果这个任务不解决，党的一切政治任务是不能完成的。

马克思主义是科学的世界观和方法论，但是，我们不能指望在马克思主义经典作家的著作中找到解决现实生活中所有问题的现成答案。我们在学习运用马克思主义基本原理时，一定要同我国的具体实际相结合。

历史的经验告诉我们，无产阶级政党什么时候把马克思主义的基本原理同本国的具体实际相结合，革命、建设、改革等事业就发展、就前进；什么时候脱离本国的实际情况，以教条主义的态度对待马克思主义，革命、建设、改革等事业就遭受挫折和损失。

在新民主主义革命时期，以毛泽东同志为主要代表的中国共产党人，把马克思列宁主义基本原理同中国具体实际相结合，对经过艰苦探索、付出巨大牺牲积累的一系列独创性经验作了理论概括，开辟了农村包围城市、武装夺取政权的正确革命道路，创立了毛泽东思想，为中国革命指明了正确方向，夺取了新民主主义革命的胜利。

从新中国成立到改革开放前夕，党领导人民完成社会主义革命，消灭一切剥削制度，实现了中华民族有史以来最为广泛而深刻的社会变革，迈进社会主义社会。

在社会主义建设时期，一开始由于我们缺乏社会主义建设的实践经验，曾一度盲目照搬苏联的模式，在社会主义建设的过程中，以教条主义的态度对待马克思主义关于社会主义的个别论断，特别是在“文化大革命”期间，主观主义盛行，形而上学猖獗，不是以马克思主义的立场、观点、方法，而是以马克思主义经典作家的只言片语来指导我们的工作，没有把马克思主义的基本原理同我国的社会主义建设实际结合起来，因而没有探索出一条符合我国实际情况的社会主义建设道路，结果使我国社会主义建设事业遭受严重的挫折和损失。虽然经历了严重曲折，但党在社会主义革命和建设探索中为在新的历史时期开创中国特色社会主义提供了宝贵经验、理论准备、物质基础。党的十一届三中全会以后，以邓小平同志为主要代表的中国共产党人，把马克思主义的普遍真理与中国社会主义建设实践结合起来，团结带领全党全国各族人民，深刻总结新中国成立以来正反两方面经验，围绕什么是社会主义、怎样建设社会主义这一根本问题，借鉴世界社会主义历史经验，突破了许多僵化的观念，丰富和发展了科学社会主义理论，创立了邓小平理论，成功开创了中国特色社会主义新局面。我国社会主义建设取得了举世瞩目的成就。

党的十三届四中全会以后，以江泽民同志为主要代表的中国共产党人，发扬理论联系实际的作风，团结带领全党全国各族人民，坚持党的基本理论、基本路线，加深了对什么是社会主义、怎样建设社会主义和建设什么样的党、怎样建设党的认识，形成了“三个代表”重要思想，成功把中国特色社会主义推向21世纪。

党的十六大以后，以胡锦涛同志为主要代表的中国共产党人，发扬理论联系实际的作风，团结带领全党全国各族人民，在全面建设小康社会进程中推进实践创新、理论创新、制度创新，深刻认识和回答了新形势下实现什么样的发展、怎样发展等重大问题，形成了科学发展观，抓住重要战略机遇期，聚精会神搞建设，一心一意谋发展，强调坚持以人为本、全面协调可持续发展，着力保障和改善民生，促进社会公平正义，推进党的执政能力建设和先进性建设，成功在新形势下坚持和发展了中国特色社会主义。

党的十八大以来，中国特色社会主义进入新时代。党面临的主要任务是，实现第一个百年奋斗目标，开启实现第二个百年奋斗目标新征程，朝着实现中华民族伟大复兴的宏伟目标继续前进。以习近平同志为核心的党中央，坚持把马克思主义基本原理同中国具体实际相结合、同中华优秀传统文化相结合，坚持毛泽东思想、邓小平理论、“三个代表”重要思想、科学发展观，深刻总结并充分运用党成立以来的历史经验，从新的实际出发，创立了习近平新时代中国特色社会主义思想，推动党和国家事业取得历史性成就、发生历史性变革。

实践证明，马克思主义必须同中国革命、建设、改革的具体实践相结合，才有生命力，才能成为我们的行动指南。

正如毛泽东所说：“我们党的发展和进步，是从同一切违反这个真理的教条主义和经验主义作坚决斗争的过程中发展和进步起来的。”

在新的历史条件下，中国共产党人必须继续坚持和发扬理论联系实际的优良传统，这是保证党具有旺盛创造力的关键所在，是提高全党马克思主义理论水平和解决实际问题能力的根本要求，是全面建设社会主义现代化强国的需要，也是全面推动党的建设新的伟大工程的一项基础性工作。

二、密切联系群众的作风

密切联系群众是党的优良传统和作风，是中国共产党区别于其他政党的又一个显著标志。唯物主义历史观认为，人民群众是历史的创造者。人民，只有人民，才是创造世界历史的动力。密切联系群众的优良作风，是由中国共产党全心全意为人民服务的宗旨所决定的。

中国共产党来自人民，植根人民，服务人民。与人民群众的血肉联系是中国共产党的力量源泉和胜利之本。

早在土地革命时期，毛泽东就在《关心群众生活，注意工作方法》一文中指出，革命战争是群众的战争，只有动员群众才能进行战争，只有依靠群众才能进行战争。真正的铜墙铁壁是什么？是群众，是千百万真心实意地拥护革命的群众。这是真正的铜墙铁壁，什么力量也打不破的，完全打不破的。反革命打不破我们，我们却要打破反革命。在革命政府的周围团结起千百万群众来，发展我们的革命战争，我们就能消灭一切反革命，我们就能夺取全中国。那时毛泽东就强调，我们对于广大群众的切身利益问题，群众的生活问题，就一点也不能疏忽，一点也不能看轻。一切群众的实际生活问题，都是我们应当注意的问题。假如我们对这些问题注意了，解决了，满足了群众的需要，我们就真正成了群众生活的组织者，群众就会真正围绕在我们的周围，热烈地拥护我们。我们要和群众在一起，就得去发动群众的积极性，就得关心群众的痛痒，真心实意地为群众谋利益。我们党正是由于全心全意为人民服务，才赢得了人民群众的衷心拥护。当时，根据地的群众说："共产党真正好，什么事情都替我们想到了。"①

根据中国共产党与人民群众紧密地联系在一起，不断发展壮大，从弱到强的事实，1945 年 4 月，毛泽东在《论联合政府》的报告中总结了我们党与人民群众紧密联系的历史经验。他说："我们共产党人区别于其他任何政党的又一个显著的标志，就是和最广大的人民群众取得最密切的联系。全心全意地为人民服务，一刻也不脱离群众；一切从人民的利益出发，而不是从个人或小集团的利益出发；向人民负责和向党的领导机关负责的一致性；这些就是我们的出发点。共产党

①《毛泽东军事文集》第一卷，军事科学出版社、中央文献出版社 1993 年版，第 347 页。

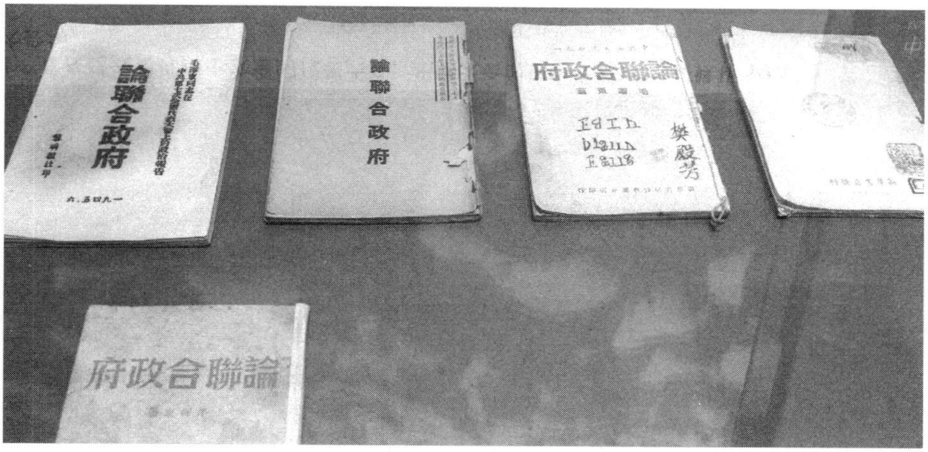

毛泽东著作《论联合政府》不同时期的五个版本（海峰／供图）

人必须随时准备坚持真理，因为任何真理都是符合于人民利益的；共产党人必须随时准备修正错误，因为任何错误都是不符合于人民利益的。”① “经验告诉我们，凡属正确的任务、政策和工作作风，都是和当时当地的群众要求相适合，都是联系群众的；凡属错误的任务、政策和工作作风，都是和当时当地的群众要求不相适合，都是脱离群众的。教条主义、经验主义、命令主义、尾巴主义、宗派主义、官僚主义、骄傲自大的工作态度等项弊病之所以一定不好，一定要不得，如果什么人有了这类弊病一定要改正，就是因为它们脱离群众。我们的代表大会应该号召全党提起警觉，注意每一个工作环节上的每一个同志，不要让他脱离群众。教育每一个同志热爱人民群众，细心地倾听群众的呼声；每到一地，就和那里的群众打成一片，不是高踞于群众之上，而是深入于群众之中；根据群众的觉悟程度，去启发和提高群众的觉悟，在群众出于内心自愿的原则之下，帮助群众逐步地组织起来，逐

①《毛泽东选集》第三卷，人民出版社 1991 年版，第 1094—1095 页。

步地展开为当时当地内外环境所许可的一切必要的斗争。在一切工作中，命令主义是错误的，因为它超过群众的觉悟程度，违反了群众的自愿原则，害了急性病。我们的同志不要以为自己了解了的东西，广大群众也和自己一样都了解了。群众是否已经了解并且是否愿意行动起来，要到群众中去考察才会知道。如果我们这样做，就可以避免命令主义。在一切工作中，尾巴主义也是错误的，因为它落后于群众的觉悟程度，违反了领导群众前进一步的原则，害了慢性病。我们的同志不要以为自己还不了解的东西，群众也一概不了解。许多时候，广大群众跑到我们的前头去了，迫切地需要前进一步了，我们的同志不能做广大群众的领导者，却反映了一部分落后分子的意见，并且将这种落后分子的意见误认为广大群众的意见，做了落后分子的尾巴。总之，应该使每个同志明了，共产党人的一切言论行动，必须以合乎最广大人民群众的最大利益，为最广大人民群众所拥护为最高标准。应该使每一个同志懂得，只要我们依靠人民，坚决地相信人民群众的创造力是无穷无尽的，因而信任人民，和人民打成一片，那就任何困难也能克服，任何敌人也不能压倒我们，而只会被我们所压倒。”①

抗日战争胜利后，我们党面临着新的形势。1945 年 10 月 17 日，毛泽东在重庆谈判后进一步指出：“所有到前方去的同志，都应当做好精神准备，准备到了那里，就要生根、开花、结果。我们共产党人好比种子，人民好比土地。我们到了一个地方，就要同那里的人民结合起来，在人民中间生根、开花。我们的同志不论到什么地方，都要把和群众的关系搞好，要关心群众，帮助他们解决困难。团结广大人民，团结得越多越好。放手发动群众，壮大人民力量，在我们党的领

①《毛泽东选集》第三卷，人民出版社 1991 年版，第 1095—1096 页。

导下，打败侵略者，建设新中国。”[①]1945 年 11 月，主持中央工作的刘少奇对赴东北的干部强调：“我们在东北要取得对国民党斗争的胜利，除开竭力巩固一切可能的战略要点外，主要决定于东北人民的支持及我党我军与东北人民的密切联系。”[②]正是中国共产党如“种子”一般的干部，深入基层，融入群众的“土地”中，在人民中间“生根”“开花”“结果”，我们党的力量才不断发展壮大。

由于坚持密切联系群众的优良作风，中国共产党才领导全国人民最终战胜了国内外强大的敌人，赢得了国家独立和民族解放，创建了一个人民当家作主的新中国。

新中国成立后，中国共产党进一步发扬与人民群众紧密地联系在一起的作风，取得了社会主义建设的一个又一个胜利。进入改革开放新时期后，党重视总结群众的创造和经验，制定符合群众利益、反映群众呼声的路线方针政策，并努力实现好、维护好和发展好最广大人民的根本利益，取得了改革开放和社会主义现代化建设举世瞩目的伟大成就。在中国特色社会主义新时代，习近平总书记强调：“我们一定要始终与人民心心相印、与人民同甘共苦、与人民团结奋斗，夙夜在公，勤勉工作，努力向历史、向人民交出一份合格的答卷。”[③]

我们党把马克思列宁主义关于人民群众是历史的创造者的原理系统地运用在党的全部活动中，形成党在一切工作中的群众路线，这就是一切为了群众，一切依靠群众，从群众中来，到群众中去。

---

①《毛泽东选集》第四卷，人民出版社 1991 年版，第 1162 页。

② 中共中央文献研究室编：《刘少奇年谱（1898—1969）》上卷，中央文献出版社 1996 年版，第 529 页。

③ 中共中央文献研究室编：《十八大以来重要文献选编》上，中央文献出版社 2014 年版，第 71 页。

我们有理由相信，只要保持党同人民群众的血肉联系，在自己的工作中实行群众路线，党和人民的事业就无往而不胜。

三、批评和自我批评的作风

批评和自我批评是中国共产党的优良传统和作风。

中国共产党是工人阶级的先锋，是无产阶级和劳动人民利益的代表者和体现者。党所从事的一切事业，都是为了广大人民群众的利益，为最终实现共产主义而奋斗；同时它相信自己的事业是正义的，正义的事业是一定会胜利的。因此，中国共产党从来不隐瞒自己的观点，不掩盖自己工作中的缺点和错误，不惧怕批评和自我批评，而且自觉地拿起这个武器，真心诚意地发动群众和党一起同一切错误思想和错误倾向作斗争，勇于为人民利益坚持好的，为人民利益改正错的。正如毛泽东所说："共产党是不怕批评的，因为我们是马克思主义者，真理是在我们方面，工农基本群众是在我们方面。"①"我们有批评和自我批评这个马克思列宁主义的武器。我们能够去掉不良作风，保持优良作风。"②

由于人们的理论修养的差异，所处的环境不同，看问题的角度不同，对事物有不同的看法是正常的。党内正确思想与错误思想之间的矛盾、先进与落后之间的矛盾总是存在的。要解决这些矛盾，既不能采取对敌斗争的方法，也不能采取行政命令的方法，只能采取批评和自我批评的方法。通过批评和自我批评，使广大党员干部区分清楚什么是正确思想和路线，什么是错误思想和路线，不断提高马克思主

①《毛泽东文集》第七卷，人民出版社 1999 年版，第 274 页。

②《毛泽东选集》第四卷，人民出版社 1991 年版，第 1439 页。

义理论水平，从而保证党在思想上政治上组织上的一致性。在无产阶级政党内部，出现缺点、错误是不可避免的，只有拿起批评和自我批评这个武器，开展积极的思想斗争，党才能克服缺点，纠正错误，不断前进。

1929 年 12 月，在福建省上杭县古田召开的中国共产党红军第四军第九次代表大会（古田会议）总结了南昌起义以来红军建设的经验，批评了各种错误思想。会议讨论和通过了多种决议案，其中最重要的是毛泽东起草的《关于纠正党内的错误思想》的决议案。毛泽东指出："党内批评是坚强党的组织、增加党的战斗力的武器。"① 他还在这次会议上提出了正确开展党内批评的原则和方法，如：不应当利用批评去做攻击个人的工具；对党委或同志有所批评应当在党的会议上提出；党内批评要防止主观武断和把批评庸俗化，说话要有证据，批评要注意政治。这些原则和方法，为批评和自我批评这一优良传统的形成奠定了思想基础。《关于纠正党内的错误思想》一文，公开揭露党内、军内存在的缺点和错误，清除了旧式军队对红军的影响，使红军完全成为一支新型的人民军队。

革命战争年代，我们党就是运用批评和自我批评这一锐利武器，正确地调整了党内关系，解决了党内矛盾，促进了党内团结，保证了党的肌体健康和作风过硬，赢得了群众的广泛支持，从而战胜了国内外敌人，取得了革命的伟大胜利。

1941 年 6 月 3 日，陕甘宁边区政府在延安的杨家岭礼堂召开边区各县县长联席会议，讨论征粮工作和农民的负担问题。当天下午人们正在开会的时候，大风突起，暴雨倾盆。一个震耳欲聋的炸雷，击断

---

①《毛泽东文集》第一卷，人民出版社 1993 年版，第 82 页。

古田会议会址（中新图片 / 张斌）

了礼堂的一根木桩，坐在附近的延川县代县长李彩云猝不及防，不幸触电身亡。噩耗传开以后，人们议论纷纷。有农民说："老天爷不开眼，响雷把县长劈死了，为什么不劈死毛泽东？"保卫部门闻讯，要把这件事当作反革命事件来追查，逮捕一个"竟敢如此咒骂毛主席"的农民，并要公开处理，以一儆百。毛泽东从警卫员口中知道这件事后，立即阻止了保卫部门的行动，他说："群众发牢骚，有意见，说明我们的政策和工作有毛病。不要一听到群众有议论，尤其是尖锐一点的议论，就去追查，就要立案，进行打击压制。这种做法实际上是软弱的表现，是神经衰弱的表现。我们共产党人无论如何不要造成同群众对立的局面。"[①]毛泽东认为，党群关系好比鱼水关系，共产党是鱼，老百姓是水；水里可以没有鱼，鱼可是永远也离不开水啊！

① 薛鑫良：《毛泽东在延安"挨骂"的史实》，《学习时报》2007 年 11 月 19 日。

不久，在陕甘宁边区清涧县的一个村庄又发生了类似的事件。伍兰花的丈夫在山上用铁犁耕地时，不幸被雷电击毙。伍兰花一边悲痛，一边大骂“世道不好”“共产党黑暗”“毛泽东领导官僚横行”等。中央社会调查部闻讯后，把伍兰花拘押到延安，并由保卫部门建议判处其死刑，报陕甘宁边区高等法院审判和中央审批以后即在清涧县枪毙，以此来稳定社会局势和群众情绪。毛泽东从社会调查部部长派人送来的情况汇报中知道了这件事，他对社会调查部的人说：“你们不能这样做……中央设立社会调查部，不是设几个官位。如果不做调查，就随随便便抓人、杀人，这是国民党的黑暗做法！就这些而论，人家骂得就有道理呀！”[①]当晚，毛泽东的心情仍难以平静，就叫来中央军委总部保卫部部长钱益民，要钱益民立即把伍兰花带来。在会客室里，经过聊天拉家常，毛泽东了解到：伍兰花的家里共有 6 口人，70 岁的婆婆是个瘫痪病人；3 个孩子，大的才 10 岁，小的才 3 岁多；里里外外全靠丈夫支撑着。1935 年中央红军来了以后，她家里分了 5 亩地，头几年还好，政府收的公粮少，家里的粮食吃不完，踏实过了几年好日子。这几年变了，干部只管多要公粮，还多吃多占。如今她丈夫死了，家里的顶梁柱就没有了。毛泽东又把钱益民叫进来，当面嘱咐说：“把这个妇女马上放回去，还要派专人护送她回家。记住，去的人要带上公文，向当地政府当面讲清楚，她没有什么罪过，是个敢讲真话的好人。她家困难多，当地政府要特别照顾。对于清涧县群众的公粮负担问题，边区政府要认真调查研究，该免的要免，该减的要减。我们决不能搞国民党反动派那一套，不管老百姓的死活！”伍兰花回村后，对乡亲们讲了自己在延安的经历。人们听了以后说：“古人讲，宰相肚里撑大船，将军头上跑快马。毛主席太了

① 薛鑫良：《毛泽东在延安“挨骂”的史实》，《学习时报》2007 年 11 月 19 日。

不起啦，真是个不怕雷打、不怕鬼咋的大人物！”①

毛泽东能理解群众过激的语言，并把它看成对工作的批评。毛泽东从群众的怨声骂声中深刻反思，下决心与中共中央、中央军委和陕甘宁边区政府的领导同志一道，采取一系列措施改进工作。例如，毛泽东等中央领导同志通过深入调查发现，公粮确实征收得太多，加重了人民的负担。在1941年11月6日开幕的陕甘宁边区第二届参议会上，开明绅士李鼎铭等11人提出建议：“政府应彻底计划经济，实行精兵简政，避免入不敷出、经济紊乱之现象”，并提出了具体实施办法。11月18日，参议会通过了精兵简政的决议。在中共中央领导下，陕甘宁边区先后进行了三次精简，从根本上解决了“鱼大水小”的矛盾；在减轻人民负担，减少消费支出，提高工作人员素质和工作效率等方面，都取得了明显的成效。面对当时十分严峻的形势，毛泽东在1942年12月明确指出：“发展经济，保障供给，是我们的经济工作和财政工作的总方针。”随后，陕甘宁边区和各抗日根据地的党政军民学各界都开展了轰轰烈烈的大生产运动。中国共产党领导的广大军民，用“自己动手”的方法，达到了“丰衣足食”的目的。毛泽东说：“这是中国历史上从来未有的奇迹。”毛泽东还把大生产运动与1942年整风运动当作在当时整个革命链条中起决定性作用的两个环节。

毛泽东还深刻地总结了历史上党内过火斗争的惨痛教训，提出“惩前毖后，治病救人”“团结——批评——团结”“既要弄清思想又要团结同志”等开展党内批评与自我批评的正确方针。在整风运动中，我们党用批评和自我批评的方法，在全党开展了一场马克思主义教育运动，克服了教条主义的影响，提高了全党马克思主义理论水平，使

① 薛鑫良：《毛泽东在延安“挨骂”的史实》，《学习时报》2007年11月19日。

全党团结一心，步调一致，为抗日战争和解放战争的胜利奠定了思想基础。

毛泽东在《论联合政府》的报告中对批评和自我批评的必要性和方法作了全面的论述。他说："有无认真的自我批评，也是我们和其他政党互相区别的显著的标志之一。我们曾经说过，房子是应该经常打扫的，不打扫就会积满了灰尘；脸是应该经常洗的，不洗也就会灰尘满面。我们同志的思想，我们党的工作，也会沾染灰尘的，也应该打扫和洗涤。'流水不腐，户枢不蠹'，是说它们在不停的运动中抵抗了微生物或其他生物的侵蚀。对于我们，经常地检讨工作，在检讨中推广民主作风，不惧怕批评和自我批评，实行'知无不言，言无不尽'，'言者无罪，闻者足戒'，'有则改之，无则加勉'这些中国人民的有益的格言，正是抵抗各种政治灰尘和政治微生物侵蚀我们同志的思想和我们党的肌体的唯一有效的方法。以'惩前毖后，治病救人'为宗旨的整风运动之所以发生了很大的效力，就是因为我们在这个运动中展开了正确的而不是歪曲的、认真的而不是敷衍的批评和自我批评。以中国最广大人民的最大利益为出发点的中国共产党人，相信自己的事业是完全合乎正义的，不惜牺牲自己个人的一切，随时准备拿出自己的生命去殉我们的事业，难道还有什么不适合人民需要的思想、观点、意见、办法，舍不得丢掉的吗？难道我们还欢迎任何政治的灰尘、政治的微生物来玷污我们的清洁的面貌和侵蚀我们的健全的肌体吗？无数革命先烈为了人民的利益牺牲了他们的生命，使我们每个活着的人想起他们就心里难过，难道我们还有什么个人利益不能牺牲，还有什么错误不能抛弃吗？"①

---

①《毛泽东选集》第三卷，人民出版社 1991 年版，第 1096—1097 页。

“文化大革命”期间，党的批评和自我批评的优良传统和作风遭到了破坏，使党和人民的事业遭受了严重的损失。

党的十一届三中全会以后，我们党认真总结“文化大革命”的教训，开展批评和自我批评，特别是真理标准问题的讨论，统一了全党的思想，制定了一系列正确的路线方针政策，使我国进入了改革开放和现代化建设的新时期。

《中共中央关于党的百年奋斗重大成就和历史经验的决议》指出，党的伟大不在于不犯错误，而在于从不讳疾忌医，积极开展批评和自我批评，敢于直面问题，勇于自我革命。历史的经验告诉我们，什么时候发扬党的批评和自我批评的优良传统和作风，党和人民的事业就顺利发展；什么时候破坏了党的批评和自我批评的优良传统和作风，党和人民的事业就遭受挫折和失败。我们必须发扬党的批评和自我批评的优良传统和作风。

四、谦虚、谨慎、不骄、不躁的作风

谦虚、谨慎、不骄、不躁的作风是毛泽东在党的七届二中全会上的报告中告诫全党务必保持的党的一个优良传统和作风。虚心使人进步，骄傲使人落后。对于一个人是这样，对于一个党也是这样。

毛泽东在《学习和时局》中说：“为了争取新的胜利，要在党的干部中间提倡放下包袱和开动机器。所谓放下包袱，就是说，我们精神上的许多负担应该加以解除。有许多的东西，只要我们对它们陷入盲目性，缺乏自觉性，就可能成为我们的包袱，成为我们的负担。例如：犯过错误，可以使人觉得自己反正是犯了错误的，从此萎靡不振；未犯错误，也可以使人觉得自己是未犯过错误的，从此骄傲起来。工作无成绩，可以使人悲观丧气；工作有成绩，又可以使人趾高气扬。斗争历史短的，可以因其短而不负责任；斗争历史长的，可以因其长而自以为是。工农分子，可以自己的光荣出身傲视知识分子；知识分子，又可以自己有某些知识傲视工农分子。各种业务专长，都可以成为高傲自大轻视旁人的资本。甚至年龄也可以成为骄傲的工具，青年人可以因为自己聪明能干而看不起老年人，老年人又可以因为自己富有经验而看不起青年人。对于诸如此类的东西，如果没有自觉性，那它们就会成为负担或包袱。有些同志高高在上，脱离群众，屡犯错误，背上了这类包袱是一个重要的原因。所以，检查自己背上的包袱，把它放下来，使自己的精神获得解放，实在是联系群众和少犯错误的必要前提之一。”①

毛泽东还以我党历史上因为几次骄傲给革命带来危害的教训来告诫全党。他说：“我党历史上曾经有过几次表现了大的骄傲，都是吃了亏的。第一次是在一九二七年上半年。那时北伐军到了武汉，一些同志骄傲起来，自以为了不得，忘记了国民党将要袭击我们。结果犯了陈独秀路线的错误，使这次革命归于失败。第二次是在一九三〇年。红军利用蒋冯阎大战的条件，打了一些胜仗，又有一些同志骄傲起来，自以为了不得。结果犯了李立三路线的错误，也使革命力量遭到一些损失。第三次是在一九三一年。红军打破了第三次‘围剿’，接着全国人民在日本进攻面前发动了轰轰烈烈的抗日运动，又有一些同志骄傲起来，自以为了不得。结果犯了更严重的路线错误，使辛苦地聚集起来的革命力量损失了百分之九十左右。第四次是在一九三八年。抗战起来了，统一战线建立了，又有一些同志骄傲起来，自以为

①《毛泽东选集》第三卷，人民出版社 1991 年版，第 947 页。

西柏坡党的七届二中全会会址（谭伟 / 供图）

了不得，结果犯了和陈独秀路线有某些相似的错误。这一次，又使得受这些同志的错误思想影响最大的那些地方的革命工作，遭到了很大的损失。全党同志对于这几次骄傲，几次错误，都要引为鉴戒。近日我们印了郭沫若论李自成的文章，也是叫同志们引为鉴戒，不要重犯胜利时骄傲的错误。”①

1949 年 3 月，中国革命正处于全国胜利的前夜，中国共产党在西柏坡召开了七届二中全会。这是党在中国革命的重大历史转折关头召开的一次极为重要的会议。之所以说它是在历史转折关头召开的会议，是因为中国共产党即将由一个长期被压迫、被“围剿”的党变成全国范围的执政党。这标志着共产党的工作中心将由农村包围城市转入城市领导农村。一个崭新的中国、一个崭新的时代即将到来。

面对这样全新的形势，党中央和毛泽东深刻地认识到，如何使全

①《毛泽东选集》第三卷，人民出版社 1991 年版，第 947—948 页。

党同志在伟大的胜利面前保持清醒的头脑，在夺取全国政权后经受住执政的考验，始终坚持党的性质和宗旨，防止出现骄傲自满、贪图享乐、脱离群众而导致人亡政息的危险，是党面临的全新的历史性课题。毛泽东在党的七届二中全会上特别告诫全党同志不要骄傲自满，不要被人们的无原则的捧场所软化。毛泽东在报告中说："因为胜利，党内的骄傲情绪，以功臣自居的情绪，停顿起来不求进步的情绪，贪图享乐不愿再过艰苦生活的情绪，可能生长。因为胜利，人民感谢我们，资产阶级也会出来捧场。敌人的武力是不能征服我们的，这点已经得到证明了。资产阶级的捧场则可能征服我们队伍中的意志薄弱者。可能有这样一些共产党人，他们是不曾被拿枪的敌人征服过的，他们在这些敌人面前不愧英雄的称号；但是经不起人们用糖衣裹着的炮弹的攻击，他们在糖弹面前要打败仗。我们必须预防这种情况。夺取全国胜利，这只是万里长征走完了第一步。如果这一步也值得骄傲，那是比较渺小的，更值得骄傲的还在后头。在过了几十年之后来看中国人民民主革命的胜利，就会使人们感觉那好像只是一出长剧的一个短小的序幕。剧是必须从序幕开始的，但序幕还不是高潮。中国的革命是伟大的，但革命以后的路程更长，工作更伟大，更艰苦。这一点现在就必须向党内讲明白，务必使同志们继续地保持谦虚、谨慎、不骄、不躁的作风，务必使同志们继续地保持艰苦奋斗的作风。"①

2022 年 10 月 16 日，习近平总书记在党的二十大报告中指出："全党同志务必不忘初心、牢记使命，务必谦虚谨慎、艰苦奋斗，务必敢于斗争、善于斗争，坚定历史自信，增强历史主动，谱写新时代中国特色社会主义更加绚丽的华章。"习近平总书记提出的"三个务

①《毛泽东选集》第四卷，人民出版社 1991 年版，第 1438—1439 页。

必”是对毛泽东“两个务必”的继承、发展与创新，体现出新时代中国共产党人强烈的使命担当、忧患意识和斗争精神。

五、艰苦奋斗的作风

艰苦奋斗的作风，是中国共产党的优良传统和作风。艰苦奋斗是中华民族的传统美德。中华民族在长期的历史中形成了吃苦耐劳、艰苦奋斗的精神，中国共产党人继承和发展了中华民族艰苦奋斗的优良传统，使之升华为党的优良作风。毛泽东深刻地指出：艰苦奋斗是我们的政治本色。

土地革命战争时期，条件极其艰苦，党和红军就与人民群众一起艰苦奋斗，创建革命根据地。一首歌谣唱道：“红米饭，南瓜汤，挖野菜，也当粮。”

抗日战争进入相持阶段后，为了增强人民抗战必胜的信心，1939年5月，毛泽东在《新中华报》上发表了《国民精神总动员的政治方向》一文，指出：“我们民族历来有一种艰苦奋斗的作风，我们要把它发扬起来……坚定正确的政治方向，是与艰苦奋斗的工作作风不能脱离的，没有坚定正确的政治方向，就不能激发艰苦奋斗的工作作风；没有艰苦奋斗的工作作风，也就不能执行坚定正确的政治方向。”[1] 在此，毛泽东第一次阐释了艰苦奋斗作风的重要意义。

我们党的艰苦奋斗的作风对人民群众形成了强大感召力和凝聚力，成为我们党宣传群众、扎根群众，争取人民群众支持、扩大革命力量的重要法宝。

---

① 毛泽东：《国民精神总动员的政治方向》，《新中华报》1939年5月10日。

中国共产党的历史就是一部艰苦奋斗史。图为全景式展示中国共产党矢志不渝奋斗之路的中国共产党历史展览馆（陈晓根／摄）

毛泽东、周恩来、刘少奇、朱德等老一辈革命家在革命和建设的实践中是艰苦奋斗的光辉典范。

1940 年，陈嘉庚来到延安。毛泽东用亲手栽种的蔬菜和邻居送来的一只母鸡来招待他；在重庆，蒋介石则用 800 多块大洋的一桌盛宴来款待他。陈嘉庚从餐桌上品出了两个政党不同的未来，他断言："中国的希望在延安。"

我们党作为马克思主义执政党，不但要有强大的真理力量，而且要有强大的人格力量。真理力量集中体现为我们党的正确理论，人格力量集中体现为我们党的优良作风。毛泽东指出："只要我们党的作风完全正派了，全国人民就会跟我们学。"①

据汪东兴回忆，毛泽东曾特别给身边的工作人员讲了一番语重

① 《毛泽东选集》第三卷，人民出版社 1991 年版，第 812 页。

心长的话，他说："当时我们在井冈山生活条件是相当艰苦的。住的是破草房，吃的是红米饭、南瓜汤，穿的是百家衣。自己有什么穿什么，没有统一的服装。夜里盖的是禾草，脚上穿的是草鞋。有的同志甚至连草鞋都穿不上，打赤脚。上山下山全靠两条腿。所有吃的、用的东西全靠两肩挑……"①

"今天井冈山各方面比起36年前大不相同了，上山坐汽车，住楼房，吃饭四菜一汤，穿的是干净整齐的衣服，真是神气多了。我相信，井冈山将来还会变得更好，更神气。但我劝大家日子好过了，艰苦奋斗的精神不要丢了，井冈山的革命精神不要丢了。"②

新时期以来，邓小平、江泽民、胡锦涛、习近平着眼于从严治党，谆谆告诫全党要大力发扬艰苦奋斗精神。

党的十八大以来，我们党针对形式主义、官僚主义、享乐主义、奢靡之风出台了八项规定，要求继续弘扬党的艰苦奋斗的优良传统和作风，深得民心。

对作风之弊、行为之垢，怎样进行大排查、大检修、大扫除？习近平总书记用朴实形象的语言，提出要"照镜子、正衣冠、洗洗澡、治治病"，将其作为开展党的群众教育实践活动的总要求。这12个字凝结着中国政治传统的优秀基因，彰显着我们党自我净化、自我完善、自我革新、自我提高的高度自觉和责任担当。

作风建设永远在路上。我们一定要继续保持党的优良传统和作风，加强党的作风建设。只有这样，党才能立于不败之地，永葆生机和活力。

---

① 汪东兴：《随毛主席重上井冈山日记》，共产党员网2015年6月29日。

② 赵赓：《1965年毛泽东重上井冈山》，人民网2013年2月27日。

第六章

试看天下谁能敌

自身建设的能力

在中国革命、建设和改革的每一个历史时期，中国共产党在带领人民进行伟大的社会革命的同时，也不断地推动伟大的自我革命。中国共产党超强的自身建设能力，使自己能够“成为始终走在时代前列、人民衷心拥护、勇于自我革命、经得起各种风浪考验、朝气蓬勃的马克思主义执政党”[①]。

一、中国共产党历来注重党自身的建设

在革命战争年代，中国共产党加强自身建设，领导中国人民赶走了外国侵略者，消灭了国内反动派，夺取了全国政权，成立了人民当家作主的新中国。中国共产党执掌全国政权后，不断加强自身建

①《习近平谈治国理政》第三卷，外文出版社 2020 年版，第 48 页。

设，领导全国人民为实现社会主义现代化和中华民族的伟大复兴不懈奋斗。中国共产党一开始就把党的建设作为一项伟大工程扎实推进，并依据不同历史阶段的中心任务，确立党的政治路线，在实现党的纲领和政治路线中推动党的建设与时俱进，不断创新。

1939 年 10 月，毛泽东在《〈共产党人〉发刊词》中把党的建设称为“伟大的工程”。他说，为了中国革命的胜利，迫切要“建设一个全国范围的、广大群众性的、思想上政治上组织上完全巩固的布尔什维克化的中国共产党……建设这样一个党的主观客观条件也已经大体具备，这件伟大的工程也正在进行之中”[①]。这是毛泽东第一次把党的建设称为“伟大的工程”，同时，也是第一次从党的建设目标的角度，诠释了中国共产党自身建设的内涵。

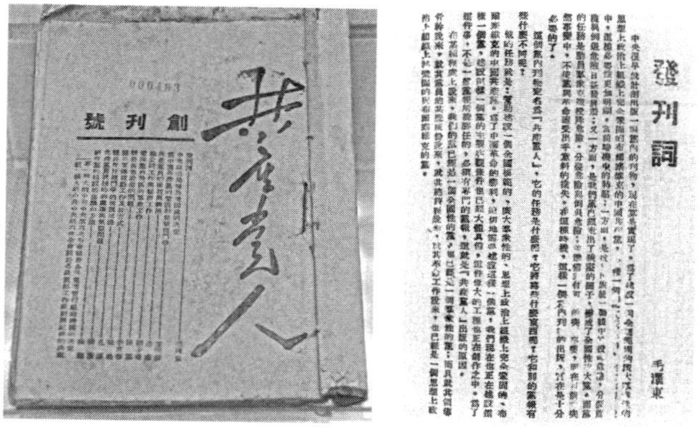

《共产党人》创刊号和毛泽东撰写的发刊词（黄豁、文化传播 / 供图）

以邓小平同志为主要代表的中国共产党人，提出制度建党的理论。1980 年 8 月 18 日，他在中共中央政治局扩大会议上作了题为《党和国家领导制度的改革》的重要讲话。他在讲话中深刻指出：“我们过去发生的各种错误，固然与某些领导人的思想、作风有关，但是组织制度、工作制度方面的问题更重要。这些方面的制度好可以

①《毛泽东选集》第二卷，人民出版社 1991 年版，第 602 页。

使坏人无法任意横行，制度不好可以使好人无法充分做好事，甚至会走向反面。”“领导制度、组织制度问题更带有根本性、全局性、稳定性和长期性。”[①]正是基于这种认识，邓小平大力推动党和国家领导制度的改革。这个讲话总结了国内外社会主义国家政权建设的历史经验，特别是中国十年“文化大革命”的深刻教训，尖锐地揭露和分析了中国政治体制存在的种种弊端及其产生的原因，系统论述了政治体制改革的目的、意义、主要内容和必须遵循的原则，形成了较为完整的政治体制改革思想。自此，中国共产党自身建设开始走上民主化和法治化的轨道。基于党的队伍还存在一系列亟待解决的现实问题，1989 年 6 月 16 日，他对以江泽民同志为主要代表的中国共产党人作出了“常委会的同志要聚精会神地抓党的建设”[②]的政治交代。

如何聚精会神抓党建？以江泽民同志为主要代表的中国共产党人进行了长期的思考和探索。1994 年，在党的十四届四中全会上，江泽民把改革开放和社会主义市场经济条件下党的建设提升到了“新的伟大工程”的高度。新的伟大工程，新在对中国共产党历史方位的新定位，党“已经从领导人民为夺取全国政权而奋斗的党，成为领导人民掌握全国政权并长期执政的党；已经从受到外部封锁和实行计划经济条件下领导国家建设的党，成为对外开放和发展社会主义市场经济条件下领导国家建设的党”[③]；新在提出党的建设的两大历史课题“提高党的领导水平和执政水平，提高拒腐防变和抵御风险的能

①《邓小平文选》第二卷，人民出版社 1994 年版，第 333 页。

②《邓小平文选》第三卷，人民出版社 1993 年版，第 314 页。

③ 中共中央文献研究室编：《十六大以来重要文献选编》上，中央文献出版社 2005 年版，第 9 页。

力”[①]；新在党的十五大提出党的建设新的总目标，“把党建设成为用邓小平理论武装起来、全心全意为人民服务、思想上政治上组织上完全巩固、能够经受住各种风险、始终走在时代前列、领导全国人民建设有中国特色社会主义的马克思主义政党”[②]；新在有新的党建思路和方法。总结中国共产党的历史，江泽民创造性地提出“三个代表”重要思想，即始终代表中国先进生产力的发展要求，代表中国先进文化的前进方向，代表中国最广大人民的根本利益。“三个代表”重要思想集中回答了“建设一个什么样的党，怎样建设党”的基本问题，为新世纪新阶段推进党的建设新的伟大工程指明了前进方向。江泽民提出“全面推进党的建设”的新任务，在全党开展了“讲学习、讲政治、讲正气”的“三讲教育”，进一步丰富和发展了党的建设的理论和实践。

以胡锦涛同志为主要代表的中国共产党人依据时代发展的新要求，在党的历史上第一次明确提出了“党的先进性建设”的任务。2005 年 1 月 14 日，他在新时期保持共产党员先进性专题报告会上指出：加强党的先进性建设，始终是我们党生存、发展、壮大的根本性建设。先进性是马克思主义政党的根本特征，也是马克思主义政党的生命所系、力量所在。开展党的先进性建设，就是要“使党的理论和路线方针政策顺应时代发展的潮流和我国社会发展进步的要求、反映全国各族人民的利益和愿望，使各级党组织不断提高创造力、凝聚力

① 中共中央文献研究室编：《十六大以来重要文献选编》上，中央文献出版社 2005 年版，第 8 页。

② 中共中央文献研究室编：《江泽民思想年编（1989—2008）》，中央文献出版社 2010 年版，第 293 页。

和战斗力”[①]。胡锦涛敢于直面党的建设面临的现实问题，在2011年“七一”讲话中提出了党面临的“四大考验”（执政考验、改革开放考验、市场经济考验、外部环境考验）和“四种危险”（精神懈怠的危险、能力不足的危险、脱离群众的危险、消极腐败的危险），极大增强了全党的忧患意识，凸显了加强党的执政能力建设和先进性建设的时代紧迫性、必要性。

胡锦涛党建思想的鲜明特色和核心内容是加强党的执政能力建设和先进性建设，提高党的建设科学化水平。2004年，党的十六届四中全会明确提出了加强党的执政能力建设的重要任务，强调“执政能力建设是党执政后的一项根本建设”。会议通过了《中共中央关于加强党的执政能力建设的决定》，在党的历史上第一次全面部署了加强党的执政能力建设的战略任务。2005年，他又提出“党的先进性建设”任务，并进一步阐述了两者的关系：“抓住了先进性建设，就抓住了党的建设的根本，就抓住了加强党的执政能力建设、巩固党的执政地位的关键。”2009年9月18日，党的十七届四中全会通过的《中共中央关于加强和改进新形势下党的建设若干重大问题的决定》，第一次站在时代、历史、全局和战略的高度提出了“提高党的建设科学化水平”的重大命题和重大任务。

党的十八大以来，以习近平同志为核心的党中央明确提出实现中华民族伟大复兴中国梦的奋斗目标。中华民族迎来了从站起来、富起来到强起来的伟大飞跃，建设社会主义现代化强国成为新时代的新目标。强国必先强党，必须以改革创新精神全面推进党的建设新的伟

---

① 胡锦涛：《在新时期保持共产党员先进性专题报告会上的讲话》，《人民日报》2005年1月15日。

大工程。习近平总书记指出："中国特色社会主义进入新时代，我们党一定要有新气象新作为。打铁必须自身硬。党要团结带领人民进行伟大斗争、推进伟大事业、实现伟大梦想，必须毫不动摇坚持和完善党的领导，毫不动摇把党建设得更加坚强有力。"①中国特色社会主义进入新时代，世界处于百年未有之大变局，全面深化改革快速推进，党面临的执政环境更加复杂，影响党的先进性、弱化党的纯洁性因素更加复杂，党内存在的思想不纯、组织不纯、作风不纯等问题依然突出。党面临的"四大考验"具有长期性和复杂性，党面临的"四种危险"具有尖锐性和严重性。如何在新时代推进党的建设，有效解决党内的现实问题，使党变得本领高、能力强，完成"强起来"的新使命？党的十九大报告提出了党的建设的总要求："坚持和加强党的全面领导，坚持党要管党、全面从严治党，以加强党的长期执政能力建设、先进性和纯洁性建设为主线，以党的政治建设为统领，以坚定理想信念宗旨为根基，以调动全党积极性、主动性、创造性为着力点，全面推进党的政治建设、思想建设、组织建设、作风建设、纪律建设，把制度建设贯穿其中，深入推进反腐败斗争，不断提高党的建设质量，把党建设成为始终走在时代前列、人民衷心拥护、勇于自我革命、经得起各种风浪考验、朝气蓬勃的马克思主义执政党。"这个总要求集中体现了习近平总书记对新时代党的建设的创新和发展。一是突出了三个"全面"：坚持加强党的全面领导、坚持全面从严治党、全面推进党的建设。二是完善了党的建设主线，提出了"长期执政能力建设"新概念。三是丰富了党的建设总布局，增加和突出了政治建设，形成"六位一体"的建设新布局。四是明确了党的建设总目标，

①《习近平谈治国理政》第三卷，外文出版社 2020 年版，第 47—48 页。

即把党建设成为始终走在时代前列、人民衷心拥护、勇于自我革命、经得起各种风浪考验、朝气蓬勃的马克思主义执政党。

二、党的建设决定全局

我们党是一个有着 9900 多万名党员、500 多万个基层党组织的党，是一个在 14 亿多人口的大国长期执政的党，是中国特色社会主义事业的坚强领导核心，党的自身建设历来关系重大、决定全局。

（一）党的建设是党和国家各项事业兴旺发达的法宝

搞好自身建设是中国共产党领导中国革命、建设、改革开放各项事业兴旺发达的法宝。

党的建设是新民主主义革命取得胜利的法宝，这是中国革命的基本经验。

1939 年 10 月，毛泽东在《〈共产党人〉发刊词》中明确指出："统一战线，武装斗争，党的建设，是中国共产党在中国革命中战胜敌人的三个法宝，三个主要的法宝。"[①]他进一步指出，统一战线和武装斗争，是战胜敌人的两个基本武器。党的组织是掌握统一战线和武装斗争这两个武器以实行对敌冲锋陷阵的英勇战士。党的建设成败决定了统一战线和武装斗争的成败。因此，中国新民主主义革命胜利的三大法宝中，党的建设处于核心地位。加强中国共产党自身建设，保证党的先进性，不断增强党的创造力、凝聚力和战斗力，对于中国新民主主义革命的胜利具有极其重要的意义。

①《毛泽东选集》第二卷，人民出版社 1991 年版，第 606 页。

1978 年，党的十一届三中全会全面纠正党和国家工作中长期存在的“左”倾错误，重新确立马克思主义的思想路线、政治路线和组织路线，作出把党和国家工作重点转移到社会主义现代化建设上来和实行改革开放的伟大战略决策。

20 世纪 80 年代末 90 年代初，苏联解体、东欧剧变，我们党面临着又一个重大历史关头。以江泽民同志为主要代表的中国共产党人总结党的建设历史经验，提出“三个代表”重要思想，一心一意抓党建，通过加强党的建设化解了党和国家面临的一切困难和挑战，成功将中国特色社会主义事业推向 21 世纪。2001 年 7 月 1 日，江泽民在庆祝中国共产党成立 80 周年大会上的讲话中指出：“八十年的实践还启示我们，必须始终自觉地加强和改进党的建设，不断增强党的创造力、凝聚力和战斗力，永葆党的生机和活力。”把党的建设作为我们党领导人民奋斗 80 年的一条基本经验。2011 年 7 月 1 日，胡锦涛在庆祝中国共产党成立 90 周年大会上再次重申了这一条基本经验，指出：“回顾 90 年中国的发展进步，可以得出一个基本结论：办好中国的事情，关键在党。”

2021 年 7 月 1 日，习近平总书记在庆祝中国共产党成立 100 周年大会上的讲话中指出：“办好中国的事情，关键在党。中华民族近代以来 180 多年的历史、中国共产党成立以来 100 年的历史、中华人民共和国成立以来 70 多年的历史都充分证明，没有中国共产党，就没有新中国，就没有中华民族伟大复兴。历史和人民选择了中国共产党。中国共产党领导是中国特色社会主义最本质的特征，是中国特色社会主义制度的最大优势，是党和国家的根本所在、命脉所在，是全国各族人民的利益所系、命运所系。”

（二）党的建设新的伟大工程在“四个伟大”中起决定性作用

党的十八大以来，以习近平同志为核心的党中央作出了中国特色社会主义进入新时代的重大政治判断。新时代我们比历史上任何时期都更接近、更有信心和能力实现中华民族伟大复兴的目标。为实现这一伟大梦想，必须进行伟大斗争，必须建设伟大工程，必须推进伟大事业。“四个伟大”思想紧紧围绕中国梦这一“伟大梦想”，勾勒出新时代中国共产党的历史使命，那就是统揽伟大斗争、伟大工程、伟大事业、伟大梦想，在全面建成小康社会的基础上全面建设社会主义现代化国家，实现中华民族伟大复兴的中国梦。在党的十九大报告中，习近平总书记指出：“伟大斗争，伟大工程，伟大事业，伟大梦想，紧密联系、相互贯通、相互作用，其中起决定性作用的是党的建设新的伟大工程。”

进行伟大斗争，必须推进伟大工程。进入新时代，我们面临着更为复杂的矛盾，要开展更为激烈的斗争。对一切扭曲、削弱、否定党的领导和社会主义制度的言行，对一切损害人民利益、脱离群众的行为，对一切分裂祖国、破坏民族团结的行为，对一切威胁人民生命安全和身体健康的重大公共卫生事件，对在政治、经济、文化、社会领域和自然界出现的各种困难和挑战，都要进行坚决的斗争。这都需要党发扬光荣的革命斗争精神，不断提高斗争本领和执政本领。通过推进党的建设新的伟大工程，提升党的政治领导力、思想引领力、群众组织力、社会号召力，发挥党在领导新的伟大斗争中的决定性作用。

推进伟大事业，必须推进伟大工程。中国特色社会主义的伟大

庆祝中华人民共和国成立70周年大会群众游行队伍中的“从严治党”方阵

事业，是党和人民历尽千辛万苦、付出巨大代价取得的根本成就。中国特色社会主义不是别的什么主义，而是社会主义。巩固和发展社会主义，必须坚持中国共产党的领导。中国共产党的领导是中国特色社会主义最本质的特征。中国特色社会主义道路、制度、理论和文化，是中国共产党带领人民创造的，还要靠中国共产党领导人民不断完善和发展。改革开放40多年，中国共产党始终围绕伟大事业推动党的建设新的伟大工程，自觉坚定“四个自信”，统筹推进“五位一体”总体布局，协调推进“四个全面”战略布局，更好发挥党的领导在推进中国特色社会主义伟大事业中的决定作用。

实现伟大梦想，必须推进伟大工程。历史已经反复证明，只有中国共产党才能救中国，只有中国共产党才能发展中国。中国共产党有科学的理论武装，有崇高的使命追求，有深厚的为民情怀，有不懈的创新精神。自诞生以来，中国共产党就怀抱梦想，为梦想前赴后继，为梦想披荆斩棘，带领中华民族实现了从站起来、富起来到强起来的伟大飞跃。经过长期艰苦卓绝的努力，现在中华民族比历史上任何时候都更接近、更有能力去实现这一伟大梦想。但行百里者半九十，越是接近伟大梦想的实现，越是到了实现伟大梦想的关键阶段，面临的困难和挑战就越大，越需要付出更为艰辛的努力，需要不断加强党建新的伟大工程。中国共产党只有把自己建设得本领高、能力强，才能承担起带领全国各族人民实现中华民族伟大复兴中国梦的领导核心的时代重任。

伟大斗争、伟大工程、伟大事业、伟大梦想是一个紧密联系、相互贯通的整体，统一于新时代坚持和发展中国特色社会主义伟大实践。必须把党建设好，把伟大工程推进好，这事关中华民族兴旺发达，事关中国特色社会主义成败全局。

三、党的建设总体布局

2017 年，党的十九大报告提出了新时代党的建设总要求。这个总要求是中国共产党对自身建设规律认识的最新成果，凝结着近百年来几代中国共产党人的心血和智慧。它全面揭示了新时代中国共产党建设的基本原则、主线、统领、根基、着力点、途径和目标等问题，提出了中国共产党建设的“一个主线”和总体布局，深刻回答了新时代“建设什么样的党，怎样建设党”的根本问题。这既是对中国共产党自身建设历史经验的全面总结，又为中国共产党进一步推进自身建设指明了方向。

（一）党的建设主线

中国共产党自身建设的主线是长期执政能力建设、先进性和纯洁性建设。这条主线是贯穿于中国共产党自身建设各方面和全过程的根本建设。理解党的建设主线，要厘清两层关系。一是党的建设主线与党的历史使命的关系。中国共产党从诞生之日起就提出了把实现共产主义作为自己的最高奋斗目标。党的十八大以来，习近平总书记把中国共产党的初心和使命概括为“为中国人民谋幸福，为中华民族谋复兴”。这充分说明中国共产党是一个使命型政党，这也是中国共产党与西方资产阶级政党的主要区别。党的建设始终要围绕这一历史使命展开。二是这条建设主线与总体布局的关系。党的建设主线主要是从党的建设目标层面谈建设，总体布局主要是从途径层面谈建设。“主线”是目标引领，总体布局是手段和途径。

执政能力建设是党执政以后的根本性建设。党的十六届四中全会通过了《中共中央关于加强党的执政能力建设的决定》（以下简称《决定》），系统论述了党的执政能力建设的重要意义、历史经验和总体目标。《决定》指出，党的执政能力，就是党提出和运用正确的理论、路线、方针、政策和策略，领导制定和实施宪法和法律，采取科学的领导制度和领导方式，动员和组织人民依法管理国家和社会事务、经济和文化事业，有效治党治国治军，建设社会主义现代化国家的本领。长期执政能力建设是党的十九大报告首次明确的任务，是对执政能力建设的发展和提升，是中国共产党自身建设的一大特色。中国共产党代表最广大人民的根本利益，以中华民族伟大复兴为自己的历史使命，阶级基础和历史使命决定中国共产党必然是一个长期执政的党。因此，中国共产党不仅要加强执政能力建设，还要进一步抓好长期执政能力建设。

党的先进性、纯洁性建设是确保党长期执政的根本要求。习近平总书记指出："先进性和纯洁性是马克思主义政党的本质属性。"[①] 党的纯洁性是指全党要始终坚持马克思主义政党的理想信念、性质与宗旨不变。党的先进性首先是由党的理想与信念、性质和宗旨决定的，也就是说中国共产党诞生之时本身就具有先进性。同时，党的先进性还表现为要使党的理论和路线方针政策适应社会发展的要求，使党保持与时俱进的品格，能够始终站在时代的前列，引领社会发展方向。保持党的先进性本质上就是要始终代表中国先进生产力的发展要求，代表中国先进文化的前进方向，代表最广大人民的根本利益。因为先进生产力、先进文化都是在不断发展的，"人民"的概念也在随着时代发生变化，所以，党的先进性除了要保持自身性质、宗旨不变外，还要不断与时俱进。党的先进性和纯洁性是马克思主义政党的生命。历史上那些丧失政权的马克思主义政党都丢掉了党的先进性和纯洁性，要么是违背了党的根本宗旨，严重脱离了人民群众；要么是思想僵化，无法跟上时代发展的需要。

中国共产党深刻地认识到，党的先进性和执政地位不是与生俱来、一劳永逸的。过去先进不等于现在先进，现在先进不等于永远先进；过去拥有不等于现在拥有，现在拥有不等于永远拥有。党的执政能力建设是在这种高度的忧患意识自觉中提出来的。加强党的长期执政能力建设的提出，充分体现了以习近平同志为核心的党中央高瞻远瞩、未雨绸缪的胸襟气魄和居安思危、直面危险的忧患意识。加强党的长期执政能力建设是一项系统工程，必须坚持加强党的全面领导，

---

①《习近平谈治国理政》第二卷，外文出版社 2017 年版，第 43 页。

不断巩固党的领导核心地位；必须坚持党要管党、全面从严治党，持续推动自我革命，保持党的纯洁性和先进性；必须坚持全心全意为人民服务的宗旨，不断巩固党的执政基础；必须全面提高党的领导水平和执政本领，增强学习本领、政治领导本领、改革创新本领、科学发展本领、依法执政本领、群众工作本领、狠抓落实本领、驾驭风险本领八大本领。总之，必须按照新时代党的建设的总要求不断推动党的建设新的伟大工程。

（二）党的建设总体布局

中国共产党的发展历史，是不断完善自身建设的历史。通过几代人的艰辛探索，中国共产党对自身建设规律的认识越来越成熟。党的十九大报告提出了政治建设、思想建设、组织建设、作风建设、纪律建设和制度建设、党风廉政建设和反腐败斗争的总体布局。

政治建设是党的根本性建设。在党的建设总体布局中，政治建设是管总的，是其他建设的根据、源泉和方向。毛泽东最早提出“党的建设必须密切联系党的政治路线”的命题。党的政治建设是制定和实施党的政治纲领、政治路线和政策策略，以实现政治目标的行为和过程。政党首先是政治组织，因此政党的政治建设不管有没有明确提出，从一个政党诞生之日起，就始终贯穿于政党建设的整个过程。一个政党的政治纲领“是一面公开树立起来的旗帜，而外界就根据它来判断这个党”[①]。党的一大通过了《中国共产党第一个纲领》，党的二大明确了党的最高纲领和最低纲领。中国共产党分别在新民主主义革命、社会主义革命、社会主义建设和改革开放等不同历史时期提出了党的政

①《马克思恩格斯文集》第3卷，人民出版社2009年版，第415页。

治路线，并围绕政治路线形成正确的政策和策略。正是由于中国共产党总是能够与时俱进地调整政治路线、政策和策略，正确反映中国社会时代发展的需要，并及时与党内各种错误路线进行斗争，才能够领导中国人民一路走来，取得革命、建设和改革开放的伟大胜利；也正是由于中国共产党始终围绕正确的政治路线持续推进党的各项建设，中国共产党才能够由小变大、由弱变强，始终成为中国人民、中华民族的坚强领导核心。中国特色社会主义进入了新时代，中国共产党肩负着比任何时候都更接近、更有信心实现伟大梦想的重大使命，需要比以往任何时候都更加强大。与此同时，党内还存在思想不纯、组织不纯、作风不纯，存在党的领导被弱化等现实问题。因此，习近平总书记提出要坚持“以党的政治建设为统领”“把党的政治建设摆在首位”的党建思想。他指出：“保证全党服从中央，坚持党中央权威和集中统一领导，是党的政治建设的首要任务。全党要坚定执行党的政治路线，严格遵守政治纪律和政治规矩，在政治立场、政治方向、政治原则、政治道路上同党中央保持高度一致。”[①]习近平总书记的系列重要论述把党的政治建设提升到了一个前所未有的高度。

思想建设是党的基础性建设。党的思想建设是指党为保持创造力、凝聚力和战斗力而在思想理论方面所进行的一系列工作。思想建党是无产阶级政党建设的基本原则。马克思、恩格斯指出：“我们党有个很大的优点，就是有一个新的科学的世界观作为理论的基础。”[②]思想建设之所以是党的基础性建设，是因为思想建设关系举旗定向的根本问题。革命理想高于天，共产主义远大理想和中国特色社会主义共同理想，是中国共产党人的精神支柱和政治灵魂，也是保持党的团结统一

①《习近平谈治国理政》第三卷，外文出版社 2020 年版，第 48—49 页。

②《马克思恩格斯文集》第 2 卷，人民出版社 2009 年版，第 599 页。

的思想基础。思想建设的主要任务就是强化马克思主义理论武装，对党员进行党的基本理论、基本路线、基本方略的教育，保持全党在思想上政治上行动上的高度一致，保持党的先进性、纯洁性。党在思想上的先进性是其在行动上先进性的前提。思想建设最根本的问题是解决信仰的问题，信仰坚定是最根本的坚定，信仰崩塌是最根本的崩塌。思想建党是毛泽东建党思想的核心。毛泽东提出着重从思想上建党的原则，把思想建设放在首位，党员不但要在组织上入党，而且要在思想上入党。因此，思想建设成为党的建设总体布局中最早提出的内容。建党百余年以来，中国共产党始终重视党的思想建设，积累了丰富的思想建设成果与经验，形成了解放思想、实事求是、与时俱进、求真务实的思想路线；严把入党环节思想教育关，提出“先在思想上入党，然后在组织上入党”的原则；对党员采用经常性和集中性教育相结合的方法，创造了整风运动的方法，不断推进党内思想教育；从上到下建立了各类干部教育培训基地，加强县级党校（行政学院）和基层党校建设，加强对党员领导干部经常性的思想教育和理论武装等。党的十八大以来，以习近平同志为核心的党中央继承并发扬了中国共产党思想建党的优良传统，针对党的思想建设工作中的难题，强调对中国共产党员进行理想信念教育。为了加强党员领导干部的思想教育和理论学习，在全党开展了党的群众路线教育实践活动、“三严三实”专题教育、“两学一做”学习教育、“不忘初心、牢记使命”主题教育、党史学习教育、学习贯彻习近平新时代中国特色社会主义思想主题教育、党纪学习教育。党的十九届四中全会明确提出建立“不忘初心、牢记使命”学习教育制度，把“不忘初心、牢记使命”作为加强党的建设的永恒课题和全体党员、干部的终身课题，形成长效机制。

组织建设是党的又一个基础性建设。党的组织建设包括组织路线制定、民主集中制建设、组织体系建设、干部队伍建设、党员队伍建设、组织纪律建设等。中国共产党是一个高度组织化的马克思主义政党，组织机构严密、组织纪律严明、组织数量庞大。组织建设是党的建设中最先推进的一个方面，党的建设其他方面能否落地生根，完全取决于党的组织建设。中国共产党成立之初，就依据马克思列宁主义建党原则，把民主集中制确立为党的组织原则。党的力量来自组织。党的四大通过的《对于组织问题之议决案》规定了建立党支部的原则。党的五大选举产生了党的历史上第一个中央纪律检查监督机构——中央监察委员会。革命时期，党的主要任务是领导武装斗争，1927 年 9 月的三湾改编，明确提出在军队建立各级党组织，班、排成立党小组，支部建在连上，连以上设党代表，营、团设党委，从而确立了“党指挥枪”的建军原则。之后，党把军队的组织建设扩大到广大农村革命根据地，普遍建立了党支部，在党和群众之间架起了联系的桥梁。目前，中国共产党的基层组织已经达到 500 多万个，遍及企业、机关、学校、科研院所、街道社区、社会团体、人民解放军和其他基层单位，党的基层组织的触角已经延伸到国家的每一个角落。干部队伍建设是党的组织建设的重要内容。毛泽东深刻指出：“政治路线确定之后，干部就是决定的因素。”[①]解决党自身的问题，关键在党的领导干部，关键在领导干部的选拔、任用、培养上。全民族抗战时期，党的干部路线和干部政策走向成熟，提出“任人唯贤”的干部路线和德才兼备的干部标准。此后，确立了党管干部的基本原则，党的干部路线和制度不断完善。中国特色社会主义进入新时代，习近平总书记非常重视党内的“关键少数”的作用，提出了新形势下“信念

①《毛泽东选集》第二卷，人民出版社 1991 年版，第 526 页。

坚定、为民服务、勤政务实、敢于担当、清正廉洁”“好干部”标准，赋予了好干部新的内涵。为适应新时代全面建设社会主义现代化国家的时代需要，习近平总书记还提出培养高素质专业化的干部队伍的任务，高素质强调的是政治素质的重要性，专业化强调的是各种领导能力的提升，德才兼备，又红又专，既要政治过硬，还要本领高强。

作风建设是党的建设的永恒主题。中国共产党作风建设的核心是保持党同人民的血肉联系，增强群众观念和群众感情。这是马克思主义人民立场对党的自身建设提出的道德要求。人民群众往往根据政党的作风来评价一个政党，并决定对其采取什么态度。党的作风建设是关系到党能否保持先进性、能否得到人民群众拥护、能否领导革命取得胜利的重大问题。习近平总书记指出：“党的作风是党的形象，是观察党群干群关系、人心向背的晴雨表。党的作风正，人民的心气顺，党和人民就能同甘共苦。”[①]中国共产党自诞生以来，一直重视自身的作风建设，把作风建设摆在党的建设的突出位置。中国共产党的阶级属性决定了自身“就具有无产阶级先进政党的各种优良作风”。1942年整风时期，理论联系实际的作风、密切联系群众的作风、批评和自我批评的作风被确立为党的三大优良作风。1949年3月，面对即将全国执政，党的七届二中全会告诫全党务必使同志们继续地保持谦虚、谨慎、不骄、不躁的作风，务必使同志们继续地保持艰苦奋斗的作风。以三大优良作风为中心，中国共产党还先后有学风、文风、会风、思想作风、工作作风、领导作风、生活作风等丰富的作风建设内容。党的作风建设把正面塑造和错误整顿相结合，有破有立，破立结合。在全党继承党的三大优良作风的同时，及时发现党内不良

---

① 中共中央党史和文献研究院编：《十八大以来重要文献选编》下，中央文献出版社2018年版，第356页。

作风，开展整顿工作。例如，1942 年整风运动重点整顿学风、党风、文风，重点反对主观主义、宗派主义和党八股，又如 1960 年底开展的纠正“五风”，即共产风、浮夸风、命令风、干部特殊风、对生产瞎指挥风。党的十八大以来，针对党内长期存在的形式主义、官僚主义、享乐主义和奢靡之风，开展了以“反四风”为目的的群众路线教育实践活动。通过持续的整风活动，中国共产党纯洁了思想、组织和作风，保持了党的先进性。习近平总书记指出，作风建设是永恒课题。党的作风就是党的形象，关系人心向背，关系党的生死存亡。

纪律建设是全面从严治党的治本之策。党要管党，管党必须治党，治党务必从严。靠什么管党、治党，要靠严明的纪律。中国共产党党员数量在世界所有政党中位居第一，没有严格的纪律，就无法保证党肌体的健康。党的纪律是指由党内法规和党内制度规定的各级组织和党员必须遵守的行为准则，包括政治纪律、组织纪律、廉洁纪律、群众纪律、工作纪律、生活纪律。中国共产党是由铁的纪律组织起来的马克思主义政党，组织严密、纪律严明是党的优良传统和政治优势，也是我们党的力量所在。从中国共产党成立之日起，党的纪律就被放到一个重要的位置。党的一大对组织纪律、保密纪律等作出了明确规定。党的二大通过的第一部党章，专用一章对党的纪律进行了明确的规定。新民主主义革命时期，革命队伍里有“三大纪律、八项注意”，内容具体，具有鲜明的针对性和可操作性，是中国共产党纪律建设的典范。之后，中国共产党的纪律建设持续推进，形成了党章、准则、条例、规定、办法、规则等系统的党内法规体系和教育、制度、执行、监督、评价等纪律运行机制。党的十八大以来，针对部分党员纪律松弛的现实问题，习近平总书记提出全面从严治党的战略安排。全面从严治党要靠纪律，因此，纪律建设被摆在突出的位

2021 年 6 月 27 日，海南省琼海市的党员干部在椰子寨革命根据地举行党日活动（中新图片 / 蒙钟德）

置，党的十九大首次把纪律建设列入党的建设的总体布局。在所有纪律中，习近平总书记特别强调政治纪律，他指出：“政治纪律是各级党组织和全体党员在政治方向、政治立场、政治言论、政治行为方面必须遵守的规矩。”“遵守党的政治纪律，最核心的，就是坚持党的领导，坚持党的基本理论、基本路线、基本纲领、基本经验、基本要求，同党中央保持高度一致，自觉维护中央权威。”[①]2023 年 12 月，中共中央印发新修订的《中国共产党纪律处分条例》。2024 年 1 月，习近平总书记在二十届中央纪委三次全会上指出，以学习贯彻新修订

① 中共中央文献研究室编：《十八大以来重要文献选编》上，中央文献出版社 2014 年版，第 132 页。

的纪律处分条例为契机，在全党开展一次集中性纪律教育。2024 年 4 月，中共中央办公厅印发《关于在全党开展党纪学习教育的通知》指出，为深入学习贯彻修订后的《中国共产党纪律处分条例》，经党中央同意，自 2024 年 4 月至 7 月，在全党开展党纪学习教育。

制度建设贯穿党的建设全过程。党的制度建设，就是要把党的建设的各方面以章程、条例、准则和决定等形式固定下来，使其成为党的组织和全体党员共同的行为准则，从而实现党的活动的制度化、规范化、程序化。一个政党的制度建设水平是衡量其建设科学化水平和自身治理现代化水平的重要标志。邓小平指出，制度问题更带有“根本性、全局性、稳定性和长期性”[①]。在中国共产党自身建设总体布局中，制度建设是贯彻其他建设全过程的。政治建设、思想建设、组织建设、作风建设、纪律建设、党风廉政建设和反腐败斗争最终要靠完善的制度体系，才能固定下来，才能落到实处。1921 年中国共产党成立，党的一大上通过了《中国共产党第一个纲领》，二大通过了第一部《中国共产党章程》，开启了制度建设的历程。之后，党内确立了民主集中制，对党的组织制度、党员管理制度、选举制度和监督制度等方面进行了初步的探索。1980 年 8 月，邓小平发表了题为《党和国家领导制度的改革》的讲话，系统回答了如何从制度上建党的重大问题，明确提出了“制度建党”的重大历史命题。这一时期，党的制度建设逐步实现科学化、规范化、法制化，形成了一套较为成熟的制度建设理论，并初步构建起一套较为完整的党内制度体系，为改革开放奠定了坚实的制度保障。2002 年，中国共产党第十六次全国代表大会首次明确提出，“一定要把思想建设、组织建设和作风建设有机结合起

---

①《邓小平文选》第二卷，人民出版社 1994 年版，第 333 页。

来，把制度建设贯穿其中”，党的制度建设正式进入党的建设总体布局。党的十八大以来，以习近平同志为核心的党中央提出全面从严治党的战略任务，党内制度建设由“制度建党”发展到“制度治党”的新阶段。党内法规制度建设步伐明显加快。中央先后出台了党内第一部“立法法”《中国共产党党内法规制定条例》，并制定了《中央党内法规制定工作五年规划纲要（2013—2017年）》和《中央党内法规制定工作第二个五年规划（2018—2022年）》，这分别是中国共产党历史上第一次、第二次编制党内法规制定工作五年规划，标志着中国共产党制度建设开始迈向顶层设计和战略规划的崭新阶段。2017年，中国共产党第十九次全国代表大会作出了要把党的制度建设贯彻党的建设全过程的战略部署，党的制度建设朝着更加全面、更加系统的方向发展。

党风廉政建设和反腐败斗争是党的建设的基本任务。腐败是世界性难题。反腐败是中国共产党自身建设、自我净化，保持党的纯洁性的基本任务和途径。习近平总书记指出：“反腐倡廉必须常抓不懈，拒腐防变必须警钟长鸣。”①中国共产党建党百余年的历史，是党领导中国人民不断赢得革命、建设和改革胜利的历史，也是我们党不断保持先进性和纯洁性，不断防范被瓦解、被腐化的危险的历史。从新民主主义革命到中国特色社会主义进入新时代，中国共产党探索出党风廉政建设和反腐败斗争的基本规律，即加强党对反腐败工作的集中统一领导，构建不想腐、不能腐、不敢腐的机制。一是筑牢“不想腐”的思想堤坝。腐败发生的根源在于部分党员干部理想信念出现了问题。中国共产党历来重视思想政治教育工作，始终把好这个“总开关”。新民主主义革命时期，各级党组织把党风廉政教育摆在重要

① 中共中央文献研究室编：《十八大以来重要文献选编》上，中央文献出版社2014年版，第468页。

地位。特别是 1941 年至 1945 年的整风运动，党把全心全意为人民服务确定为党的宗旨、党风廉政建设和反腐败斗争的根本目标，形成了密切联系群众、批评和自我批评的思想作风。新中国成立前，毛泽东告诫全党同志警惕“糖衣炮弹”的攻击。改革开放 40 多年来，全党先后开展了“三讲”教育、“三个代表”重要思想教育和党性党风党纪教育，以及党员先进性教育和学习实践科学发展观活动。党的十八大以来，以习近平同志为核心的党中央加强了全党的思想教育工作，全党先后开展群众路线实践教育活动、“三严三实”专题教育、“两学一做”学习教育、“不忘初心、牢记使命”主题教育、党史学习教育、学习贯彻习近平新时代中国特色社会主义思想主题教育、党纪学习教育。通过持之以恒的党性教育，在全党上下筑牢防止腐败的思想防线。二是建立和完善“不能腐”的制度体系。制度反腐是中国共产党反腐败的重要经验。从建党初期发布的《关于坚决清洗贪污腐化分子的通告》，到新中国成立初期发布的《中华人民共和国惩治贪污条例》，再到改革开放后制定的《关于党内政治生活的若干准则》和《中国共产党党内监督条例》等，一系列惩治和预防腐败的制度体系相继形成。尤其是党的十八大以来，党中央提出了全面从严治党的新要求，《中国共产党廉洁自律准则》《中国共产党问责条例》《关于新形势下党内政治生活的若干准则》等先后修订和颁布。通过完善制度，加强了对权力运行的监督和制约，全力铲除腐败滋生的土壤，腐败的漏洞越来越少，反腐败的制度笼子越织越密，越来越紧。三是形成“不敢腐”的高压态势。坚决及时查处腐败案件，严厉打击腐败分子，才能有效震慑腐败，教育全体党员干部群众。中华苏维埃共和国时期，组织开展了“反贪污、反浪费、反官僚主义”运动。新中国成立初期，党中央组织开展了“三反”“五反”运动。1951 年党中央果断处决腐败分子刘青山、张子善，教育了广大党员领导干部。改革开放以来，党中央对反腐败工作常抓不懈，持之以恒。邓小平曾指出，反腐败不是搞一天两天、一月两月，整个改革开放过程中都要反对腐败。党的十八大以来，以习近平同志为核心的党中央“打虎”“拍蝇”“猎狐”三管齐下，多措并举，以前所未有的力度惩治腐败，对腐败分子形成前所未有的高压态势，取得了反腐败斗争的压倒性胜利。仅党的十八大到十九大5年间，经党中央批准立案审查的省军级以上党员干部及其他中管干部就有440人。其中包括十八届中央委员、候补委员43人，中央纪委委员9人。[①] 党内反腐败已经形成了教育、监督、巡视、惩处等长效机制，有效遏制了党内腐败现象，使党风、政风、社风得以根本扭转，中国共产党在人民心中的形象大大提升。

中国共产党自身建设在马克思主义科学理论指导下，在中国革命、建设、改革实践中不断守正创新，勇立时代潮头，创造了百年党建辉煌历史，现在正在努力朝着建设“世界上最强大的政党”的目标迈进，为开启全面建设社会主义现代化国家建设新征程锤炼更加坚强的领导核心，永葆为中国人民谋幸福、为中华民族谋复兴、为世界谋大同的初心和使命。

党的二十大报告进一步强调，坚定不移全面从严治党，深入推进新时代党的建设新的伟大工程。我们要落实新时代党的建设总要求，健全全面从严治党体系，全面推进党的自我净化、自我完善、自我革新、自我提高，使我们党坚守初心使命，始终成为中国特色社会主义事业的坚强领导核心。

---

① 参见中共中央党史和文献研究院编：《十九大以来重要文献选编》上，中央文献出版社2019年版，第67页。

第七章 万类霜天竞自由

实事求是的态度

中国共产党之所以能够不断发展壮大，之所以能够带领中国人民取得革命、建设和改革的伟大成就，一个根本原因就是始终坚持科学理论的指导，坚持实事求是的思想路线，坚持把马克思主义基本原理同中国革命、建设、改革的具体实际相结合，不断研究新情况，解决新问题，不断推进马克思主义中国化，实现了党的指导思想和基本理论的与时俱进。

一、实事求是的思想路线

实事求是是中国共产党的思想路线。《中国共产党章程》规定："党的思想路线是一切从实际出发，理论联系实际，实事求是，在实践中检验真理和发展真理。"

坚持辩证唯物主义和历史唯物主义的思想路线，反对唯心主义、形而上学的思想路线，对于正确地制定和贯彻无产阶级政党的政治路线和各项方针政策，具有决定性的意义。

在中国共产党的历史上，实事求是的思想路线的形成和确立有一个过程。

1930年5月，毛泽东在《反对本本主义》一文中指出，本本主义“是完全错误的，完全不是共产党人从斗争中创造新局面的思想路线”[①]，从而初步界定了中国共产党人的思想路线的基本含义。在这里，“从斗争中”，是指从实际出发，而不能从主观想象出发，不能搞本本主义；“创造新局面”，是指不能照搬照抄，而应该有创造性。这是对唯物论与辩证法的运用和体现。但是，毛泽东提出的正确思想却被具有严重教条主义倾向的党的领导人指责为“狭隘经验论”。他们生吞活剥马克思主义经典作家的只言片语，或唯共产国际的指导是从，使中国革命遭受了严重挫折。

为了揭示主观主义，特别是教条主义错误的思想根源，1937年，毛泽东在《实践论》和《矛盾论》等著作中，深刻阐述了理论对于实践的依赖关系，以及矛盾的普遍性和特殊性的关系，对党的思想路线作了系统的哲学论证。1938年，他在党的扩大的六届六中全会上提出“马克思主义在中国具体化”任务的同时，借用我国传统文化中的“实事求是”命题，来提倡马克思主义同中国实际相结合的科学态度。他指出：“共产党员应是实事求是的模范……因为只有实事求是，才能完成确定的任务。”[②]

为了统一全党思想并为制定新民主主义革命的总路线奠定思想

---

①《毛泽东选集》第一卷，人民出版社1991年版，第116页。

②《毛泽东选集》第二卷，人民出版社1991年版，第522页。

中共中央党校（国家行政学院）内的毛泽东手书"实事求是"照壁（中新图片/乐水）

基础，毛泽东在1941年至1945年整风运动期间又从思想路线的角度，不仅系统阐述了坚持实事求是的重要性，而且对实事求是的科学含义作了马克思主义的界定。他指出："'实事'就是客观存在着的一切事物，'是'就是客观事物的内部联系，即规律性，'求'就是我们去研究。我们要从国内外、省内外、县内外、区内外的实际情况出发，从其中引出其固有的而不是臆造的规律性，即找出周围事变的内部联系，作为我们行动的向导。"①

1941年，中央党校教育长彭真请毛泽东为中央党校题写校训，毛泽东就写了"实事求是"四个大字。经过整风运动和党的七大，实事求是的思想路线在全党得到了确立。

①《毛泽东选集》第三卷，人民出版社1991年版，第801页。

如何做到实事求是？毛泽东给广大党员干部提供了“三大法宝”。第一个法宝是有的放矢。无论在学习上还是在实践当中，问题导向要清楚，不能张冠李戴，有的时候为了解决一个问题，不能眉毛胡子一把抓，要有的放矢。有的放矢是抓主要矛盾。我们在日常的具体工作当中，面临的问题错综复杂，是多元化的一种结构，关键是抓最关键的环节，寻求突破口。从多元化的结构当中不能眉毛胡子一把抓，更不能只抓一点，不计其余，要抓就抓主要矛盾，就是抓一团乱麻当中关键的死结，把这个结解开了，其他问题很多也都迎刃而解了，这是有的放矢。这是实事求是，没有实事求是的态度，不能客观地分析问题，自然不能客观地解决问题。

第二个法宝是下马看花。毛泽东在早年的文章《体育之研究》中说过这样一句话：“走马观花，虽日日观，犹无观也。”[①] 要是走马观花，天天在看花，其实跟没看一样。所以他后来写了一篇非常重要的著作《工作方法六十条》，专门指出要下马看花。看花就得停下来，仔仔细细地去端详。这一点对调查研究很有启发。

第三个法宝是“红”“专”并进。“红”“专”并进并不是“文化大革命”那一套语言。“红”“专”并进讲的是党员先进的思想理论、道德信念一定要跟自身的技术专长结合在一起。我们党刚带领全国人民取得政权的时候，党内的很多干部的思想、理论、道德信念都是很过硬的，但那时候大部分都是军事时期的军事家、革命家，不太懂怎么建设一个国家，所以毛泽东就提出，共产党必须善于吸收知识分子。把这些知识分子吸纳到党内，让他们接受党的理想信念，这就是

---

① 中共中央文献研究室、中共湖南省委《毛泽东早期文稿》编辑组编：《毛泽东早期文稿（1912.6—1920.11）》，湖南出版社 1990 年版，第 75 页。

“红”“专”并进。同时还要从党内这些优秀的干部中培养出一批在专业技术能力方面非常过硬的人。所以，“红”“专”并进是要求干部既要成为杰出的政治家，又要具备治国理政的专业技能。

实事求是就是从实际出发，理论联系实际，就是要把马克思列宁主义普遍原理同中国革命具体实践相结合。毛泽东着重阐明辩证唯物主义认识论是能动的、革命的反映论，特别强调充分发扬根据和符合客观实际的自觉的能动性。他以社会实践为基础，全面系统地论述了辩证唯物主义关于认识的源泉、认识的发展过程、认识的目的、真理的标准的理论，指出正确认识的形成和发展，往往需要经过由物质到精神，由精神到物质，即由实践到认识，由认识到实践多次的反复；指出真理是同谬误相比较而存在、相斗争而发展的，真理是不可穷尽的，认识的是非即认识是否符合客观实际，最终只能通过社会实践来解决。毛泽东阐述和发挥了马克思主义辩证法的核心——对立统一规律。他指出，不仅要研究客观事物的矛盾的普遍性，尤其重要的是要研究它的特殊性，对于不同性质的矛盾，要用不同的方法去解决。因此，不能把辩证法看作是可以死背硬套的公式，而必须把它同实践、同调查研究密切结合，加以灵活运用。他使哲学真正成为无产阶级和人民群众认识世界和改造世界的锐利武器。特别是他论述中国革命战争问题的重要著作，提供了在实践中运用和发展马克思主义认识论和辩证法的最光辉的范例。毛泽东的上述的思想路线后来成为我们党的思想路线。我们党必须永远坚持。

新中国成立后，以毛泽东同志为主要代表的中国共产党人坚持党的实事求是思想路线，成功开辟了一条适合中国国情的社会主义改造道路，建立了社会主义基本制度。后来，毛泽东通过《论十大关系》《关于正确处理人民内部矛盾的问题》等著作，初步提出了许多关于社会主义建设的重要思想观点，带领全党和全国各族人民对适合中国国情的社会主义建设道路进行了艰辛探索，建立起了独立的比较完整的工业体系和国民经济体系，这是坚持实事求是的思想路线的结果。但是在探索社会主义建设道路的过程中，出于各种主客观的原因，逐步偏离了实事求是的思想路线，导致了一些脱离实际、超越阶段而急于求成、急躁冒进的错误决策。毛泽东虽然在发现“大跃进”的错误并加以纠正时号召全党大兴调查研究之风，把实事求是精神恢复起来，但是党在实际工作中偏离实事求是思想路线的问题并没有真正得到解决，以致发生了长达十年之久的“文化大革命”。

“文化大革命”结束后，我们党恢复了实事求是的思想路线。1978 年 12 月，邓小平在党的中央工作会议上发表了《解放思想，实事求是，团结一致向前看》的重要讲话，旗帜鲜明地提出毛泽东思想的精髓是实事求是，着手解决党的思想路线问题。随后召开了党的十一届三中全会，重新确立了实事求是的思想路线，开启了改革开放和社会主义现代化建设历史新时期。

邓小平在重新确立实事求是思想路线的过程中，特别强调解放思想的重要性。他指出：“一个党，一个国家，一个民族，如果一切从本本出发，思想僵化，迷信盛行，那它就不能前进，它的生机就停止了，就要亡党亡国。”[①]他反复强调，在一切工作中要真正坚持实事求是，首先必须解放思想，只有思想解放了，才能正确地以马克思列宁主义、毛泽东思想为指导，解决过去遗留的问题和新出现的一系列问题。1980 年，邓小平对党的思想路线的内容首次作出了概括：“实事求是，一切从实际出发，理论联系实际，坚持实践是检验真理的标

---

①《邓小平文选》第二卷，人民出版社 1994 年版，第 143 页。

准，这就是我们党的思想路线。”[①]

党的十三届四中全会后，江泽民在坚持实事求是思想路线的过程中，针对党内存在的一些自满和懈怠的情绪，强调弘扬与时俱进的精神。他指出，马克思主义具有与时俱进的理论品质。要通过理论创新、制度创新、科技创新、文化创新以及其他各方面的创新，不断在实践中探索前进。

党的十六大以来，胡锦涛在提出和强调科学发展观的同时，针对党员干部中出现的不思进取、工作不实、急功近利、弄虚作假、贪图享受、脱离群众等亟须解决的突出问题，强调要大兴求真务实之风。他指出，越是形势好，越是群众加快发展的积极性高，越要坚持求真务实，越要保持清醒的头脑，越要坚持好的工作作风。

党的十八大以来，习近平总书记强调继续坚持实事求是的思想路线，坚持解放思想、实事求是，冲破思想观念的障碍、突破利益固化的藩篱，抓住机遇，努力在全面深化改革上取得新突破，带领全党全国人民朝着中华民族伟大复兴目标奋勇前进。

习近平总书记指出：“实事求是，是马克思主义的根本观点，是中国共产党人认识世界、改造世界的根本要求，是我们党的基本思想方法、工作方法、领导方法。”[②]

二、与时俱进的理论品质

“与时俱进”一词源自《易经》。《周易·损卦》中说：“损刚益

---

①《邓小平文选》第二卷，人民出版社 1994 年版，第 278 页。

② 中共中央文献研究室编：《十八大以来重要文献选编》上，中央文献出版社 2014 年版，第 695 页。

柔有时，损益盈虚，与时偕行。”《周易·益卦》中说：“凡益之道，与时偕行。”意思是说，是减损还是补益都要与时机相配合，顺其自然而进行。1910 年初蔡元培撰写的《中国伦理学史》，认为清朝末年中国思想文化界故步自封，“西洋学说则与时俱进”。“与时俱进”现在是指思想观念和实践活动与时代一起进步。2001 年 7 月 1 日，江泽民在庆祝中国共产党成立 80 周年大会上的讲话中指出：“马克思主义具有与时俱进的理论品质。如果不顾历史条件和现实情况的变化，拘泥于马克思主义经典作家在特定历史条件下、针对具体情况作出的某些个别论断和具体行动纲领，我们就会因为思想脱离实际而不能顺利前进，甚至发生失误。这就是我们为什么必须始终反对以教条主义的态度对待马克思主义理论的道理所在。”党的十六大报告指出：“坚持党的思想路线，解放思想、实事求是、与时俱进，是我们党坚持先进性和增强创造力的决定性因素。”

与时俱进是中国共产党的理论品质。100 多年来，中国共产党遵循实事求是的思想路线，坚持解放思想，实事求是，与时俱进，积极探索，创造性地开展工作，不断研究新情况，总结新经验，解决新问题，把马克思主义的普遍真理与中国革命、建设和改革的具体实践结合起来，在实践中不断丰富和发展马克思主义，推进马克思主义中国化，产生了马克思主义中国化的一系列重大理论成果。

（一）毛泽东思想

以毛泽东同志为主要代表的中国共产党人，经过艰辛探索，在总结中国革命正反两方面经验的基础上找到了中国新民主主义革命的正确道路，并在新民主主义革命胜利后适时地进行社会主义革命，积极探索适合中国国情的社会主义建设道路，创立和发展了毛泽东思想，开启和推动了马克思主义中国化的历史进程。

我们党创造性地运用马克思列宁主义的基本原理，把它同中国革命的具体实践结合起来，创立了伟大的毛泽东思想，找到了夺取中国革命胜利的正确道路。这对于马克思列宁主义的发展是一个重大的贡献。毛泽东思想是在同党内的错误倾向作斗争并深刻总结历史经验的过程中逐渐形成和发展起来的。它在土地革命战争后期和抗日战争时期得到系统总结和多方面展开而达到成熟，在解放战争时期和中华人民共和国成立以后继续得到发展。毛泽东思想是马克思列宁主义在中国的运用和发展，是被实践证明了的关于中国革命的正确的理论原则和经验总结，是中国共产党集体智慧的结晶。我们党许多卓越领导人对它的形成和发展都作出了重要贡献，毛泽东的科学著作是它的集中概括。

毛泽东思想具有多方面的内容。在以下几个方面，它以独创性

庆祝中华人民共和国成立70周年大会群众游行队伍中的“建国伟业”方阵（中新图片/富田）

的理论丰富和发展了马克思列宁主义。

一是关于新民主主义革命的理论。毛泽东从中国的历史状况和社会状况出发，深刻研究中国革命的特点和中国革命的规律，发展了马克思列宁主义关于无产阶级在民主革命中的领导权的思想，创立了无产阶级领导的，工农联盟为基础的，人民大众的，反对帝国主义、封建主义和官僚资本主义的新民主主义革命的理论。

二是关于社会主义革命和社会主义建设的理论。毛泽东和中国共产党依据新民主主义革命胜利所创造的向社会主义过渡的经济政治条件，采取社会主义工业化和社会主义改造并举的方针，实行逐步改造生产资料私有制的具体政策，从理论和实践上解决了在中国这样一个占世界人口近 1/4、经济文化落后的大国建立社会主义制度的艰难任务。毛泽东提出的对人民内部的民主方面和对反动派的专政方面互相结合起来就是人民民主专政的理论，丰富了马克思列宁主义关于无产阶级专政的学说。在社会主义制度建立以后，毛泽东指出，在社会主义制度下，人民的根本利益是一致的，但人民内部还存在着各种矛盾，必须严格区分和正确处理敌我矛盾和人民内部矛盾。他提出，人民内部要在政治上实行“团结——批评——团结”，在党与民主党派的关系上实行“长期共存、互相监督”，在科学文化工作中实行“百花齐放、百家争鸣”，在经济工作中实行对全国城乡各阶层统筹安排和兼顾国家、集体、个人三者利益等一系列正确方针。他多次强调不要机械照抄照搬外国的经验，而是要从中国是一个大农业国这种情况出发，以农业为基础，正确处理重工业同农业、轻工业的关系，充分重视发展农业和轻工业，走出一条适合我国国情的中国工业化道路。他强调，在社会主义建设中要处理好经济建设和国防建设、大型企业和中小型企业、汉族和少数民族、沿海和内地、中央和地方、自力更生和学习外国等各种关系，处理好积累和消费的关系，注意综合平衡。毛泽东还强调，工人是企业的主人，要实行干部参加劳动、工人参加管理、改革不合理的规章制度和技术人员、工人、干部“三结合”。他提出了调动一切积极因素，化消极因素为积极因素，以便团结全国各族人民建设社会主义强大国家的战略思想。

三是关于革命军队的建设和军事战略理论。毛泽东系统地解决了把农民为主要成分的革命军队建设成为一支无产阶级性质、具有严格纪律、同人民群众保持亲密联系的新型人民军队的问题。他提出全心全意为人民服务是人民军队的唯一宗旨，规定了党指挥枪而不是枪指挥党的原则，制定了“三大纪律八项注意”，强调实行政治、经济、军事三大民主，实行官兵一致、军民一致和瓦解敌军的原则，提出和总结了一套军队政治工作的方针和方法。他总结了中国长期革命战争的经验，系统地提出了建设人民军队的思想，提出了以人民军队为骨干，依靠广大人民群众，建立农村革命根据地，进行人民战争的思想。他在解放战争中总结出著名的十大军事原则。这些是毛泽东对马克思列宁主义的军事理论的极为杰出的贡献。在新中国成立以后，他提出必须加强国防，建设现代化革命武装力量（包括海军、空军以及其他技术兵种）和发展现代化国防技术（包括用于自卫的核武器）的重要指导思想。

四是关于政策和策略的理论。毛泽东精辟地论证了政策和策略问题的极端重要性，指出政策和策略是党的生命。

五是关于思想政治工作和文化工作的理论。毛泽东提出，思想政治工作是经济工作和其他一切工作的生命线，要实行政治和经济的统一、政治和技术的统一、又红又专的方针；发展民族的、科学的、大众的文化，实行百花齐放、推陈出新、古为今用、洋为中用的方针；知识分子在革命和建设中具有重要作用，知识分子要同工农相结合的思想。他强调要全心全意为人民服务，对革命工作要极端负责，要艰苦奋斗和不怕牺牲。

六是关于党的建设的理论。在无产阶级人数很少而战斗力很强，农民和其他小资产阶级占人口大多数的国家，建设一个具有广大群众性、马克思主义的无产阶级政党，是极其艰巨的任务。毛泽东的建党学说成功地解决了这个问题。他特别着重于从思想上建设党，提出党员不但要在组织上入党，而且要在思想上入党，经常注意以无产阶级思想改造和克服各种非无产阶级思想。他指出，理论和实践相结合的作风，和人民群众紧密地联系在一起的作风，以及自我批评的作风，是中国共产党区别于其他任何政党的显著标志。他针对历史上党内斗争中存在过的“残酷斗争，无情打击”的“左”倾错误，提出“惩前毖后，治病救人”的正确方针，强调在党内斗争中要达到既弄清思想又团结同志的目的。他创造了在全党通过批评和自我批评进行马克思列宁主义思想教育的整风形式。新中国成立前夕和以后，鉴于我们党成为领导全国政权的党，毛泽东多次提出要继续保持谦虚谨慎、戒骄戒躁、艰苦奋斗的作风，警惕资产阶级思想的侵蚀，反对脱离群众的官僚主义。

毛泽东思想的活的灵魂，是贯串于上述各个组成部分的立场、观点和方法，有三个基本方面，即实事求是，群众路线，独立自主。毛泽东把辩证唯物主义和历史唯物主义运用于无产阶级政党的全部工作中，在中国革命的长期艰苦斗争中形成了具有中国共产党人特色的这些立场、观点和方法，丰富和发展了马克思列宁主义。

毛泽东思想系统地回答了在中国这样经济文化比较落后的大国进行什么样的革命、怎样进行革命的问题，系统回答了建设什么样的党、怎样建设党的问题，并在探索建设社会主义问题上取得了重要成果。毛泽东思想是我们党宝贵的精神财富，它将长期指导我们的行动。

（二）邓小平理论

邓小平理论产生于我国改革开放和现代化建设的实践中，其时代背景是和平与发展成为时代主题，通过系统总结我国社会主义建设过程中的历史经验和教训，并在充分借鉴其他社会主义国家兴衰成败的历史经验的基础上，在新的历史条件下继承和发展毛泽东思想，实现了马克思主义在中国发展的新阶段，是当代中国的马克思主义，是中国共产党集体智慧的结晶。

20 世纪中国第三次历史性巨大变化的历史，是从党的十一届三中全会开始的拨乱反正和改革开放，为实现社会主义现代化而奋斗的历史。用马克思主义的宽广眼界观察世界，从马克思主义产生以来世界发生的巨大变化，来认识邓小平理论是充分反映时代特征、具有时代精神的科学理论，这是党的十五大报告论述邓小平理论的又一个特色。邓小平理论首先是从中国的历史和现实中来的，同时，中国离不开世界，邓小平理论的形成和发展还有其时代和国际的根据，即邓小平理论是在和平与发展成为时代主题的历史条件下形成和发展起来的。

20 世纪 70 年代末和 80 年代初，邓小平对国际局势和时代主题的这个论断就在酝酿之中。1984 年 5 月，邓小平最先明确地提出，现在世界上问题很多，有两个比较突出。一是和平问题，二是南北问题。南北问题就是发展问题。依据邓小平的论断，党的十三大把“和平与发展是当代世界的主题”当作形成建设有中国特色社会主义理论轮廓的 12 个理论观点之一。这样来表达当代世界两大主题或两大问题，并不是说当代已经没有任何战争，发展已经没有任何障碍。但是，成为全球性、战略性问题的，确实是这两个问题而不是别的问题。

历史经验告诉我们，对国际局势的判断和把握正确与否，极大地影响着我们党的国内路线和战略。改革开放和集中力量进行社会主义现代化建设的战略决策也是如此。邓小平说过：党的十一届三中全会以后，我们对国际形势的判断，对战争与和平问题的认识，有了变化。我们改变了原来认为战争不可避免而且迫在眉睫的看法，得出新的结论：争取比较长期的和平是可能的，战争是可以避免的。这是一个重要的转变。“一九七八年我们制定一心一意搞建设的方针，就是建立在这样一个判断上的。”①

党的十一届三中全会以后，邓小平始终站在时代要求、国家发展、人民期待的高度，同中央领导集体一起，领导我们党作出一系列重大决策，把改革开放和社会主义现代化建设一步一步推向前进。1982 年，邓小平在党的十二大开幕词中明确指出：“把马克思主义的普遍真理同我国的具体实际结合起来，走自己的道路，建设有中国特色的社会主义，这就是我们总结长期历史经验得出的基本结论。”②从此，中国特色社会主义成为我们党的全部理论和实践创新的主题。这一重大命题的提出具有里程碑意义，是中国共产党人对科学社会主义发展的开创性贡献。

从党的十二大到十三大，伴随着我国改革开放和现代化建设实

---

①《邓小平文选》第三卷，人民出版社 1993 年版，第 233 页。

②《邓小平文选》第三卷，人民出版社 1993 年版，第 3 页。

践的全面开展和深入发展，邓小平围绕着“什么是社会主义、怎样建设社会主义”这个基本的理论问题和实践问题进行深层次思考，提出了关于社会主义的许多重要科学论断。1987 年召开的党的十三大，第一次比较系统地论述了我国社会主义初级阶段理论，明确概括和全面阐发了党的“一个中心、两个基本点”的基本路线，从马克思主义哲学、政治经济学和科学社会主义等方面，第一次对中国特色社会主义理论的主要内容作了系统概括。南方谈话是邓小平理论的集大成之作，从理论上深刻地回答了当时困扰和束缚人们思想的一系列重大问题，推动了改革开放和社会主义现代化建设进入新阶段。邓小平理论也逐步走向成熟。

1992 年召开的党的十四大系统总结了改革开放 14 年以来取得的巨大成就，同时指出：“我们党所以能够取得这样的胜利，根本原因是在十四年的伟大实践中，坚持把马克思主义基本原理同中国具体实际相结合，逐步形成和发展了建设有中国特色社会主义的理论。”[①]党的十四大报告系统阐释了邓小平理论的历史地位和指导意义，认为这一理论“是马克思列宁主义基本原理与当代中国实际和时代特征相结合的产物，是毛泽东思想的继承和发展，是全党全国人民集体智慧的结晶，是中国共产党和中国人民最可珍贵的精神财富”[②]。

1997 年召开的党的十五大正式提出“邓小平理论”这一概念，深刻阐述了邓小平理论的历史地位和指导意义，进一步论述了邓小平对这一理论的创立所作的独创性贡献。党的十五大报告明确指出：“实践证明，作为毛泽东思想的继承和发展的邓小平理论，是指导

①《江泽民文选》第一卷，人民出版社 2006 年版，第 218 页。

②《江泽民文选》第一卷，人民出版社 2006 年版，第 221—222 页。

中国人民在改革开放中胜利实现社会主义现代化的正确理论。”[①]党的十五大还郑重地把邓小平理论同马克思列宁主义、毛泽东思想一起，确立为党的指导思想并写入党章。1999年，邓小平理论被载入宪法。

邓小平理论贯穿着解放思想、实事求是的思想路线，围绕“什么是社会主义、怎样建设社会主义”这个基本的理论问题，第一次比较系统地初步回答了中国这样的经济文化比较落后的国家如何建设、巩固和发展社会主义的一系列基本问题，包括社会主义本质理论，社会主义初级阶段理论，社会主义根本任务的理论，社会主义发展动力理论，社会主义市场经济理论以及中国社会主义发展外部条件、政治保证、战略步骤、党的领导和依靠力量以及祖国统一等一系列基本问题，指导我们党制定了在社会主义初级阶段的基本路线。它是贯通哲学、政治经济学、科学社会主义等领域，涵盖经济、政治、科技、教育、文化、民族、军事、外交、统一战线、党的建设等方面的比较完备的科学体系。

邓小平理论使改革开放后的中国发生了翻天覆地的变化，迎来了思想的解放、经济的发展、政治的昌明、教育的勃兴、文艺的繁荣、科学的春天。我国社会生产力、综合国力和人民生活都上了一个大台阶，社会主义中国巍然屹立在世界东方。2014年8月20日，习近平总书记在纪念邓小平同志诞辰110周年座谈会上的讲话中指出：“如果没有邓小平同志，中国人民就不可能有今天的新生活，中国就不可能有今天改革开放的新局面和社会主义现代化的光明前景。”[②]

邓小平理论是邓小平留给我们的最重要的思想遗产。邓小平理

---

①《江泽民文选》第二卷，人民出版社2006年版，第9页。

② 习近平：《在纪念邓小平同志诞辰110周年座谈会上的讲话》，人民出版社2014年版，第8页。

论经过改革开放和现代化建设实践的检验，已经被证明是指导中国人民建设中国特色社会主义、保证中国在改革开放中实现国家繁荣富强和人民共同富裕的系统的科学理论。邓小平理论是中国共产党和中国人民宝贵的精神财富，是改革开放和社会主义现代化建设的科学指南，是党和国家必须长期坚持的指导思想。

（三）“三个代表”重要思想

“三个代表”就是“我们党必须始终代表中国先进生产力的发展要求，代表中国先进文化的前进方向，代表中国最广大人民的根本利益”。“三个代表”重要思想是对马克思列宁主义、毛泽东思想、邓小平理论的继承和发展，反映了当代世界和中国的发展变化对党和国家工作的新要求，是加强和改进党的建设、推进我国社会主义自我完善和发展的强大理论武器，是中国共产党集体智慧的结晶，是党和国家必须长期坚持的指导思想。

20 世纪 80 年代末 90 年代初，国际上苏联解体、东欧剧变，国际共产主义运动出现严重曲折，我国社会主义事业的发展面临空前巨大的困难和压力，我们党和国家处在决定前途命运的重大历史关头。尽管我们所面临的时代主题、主要矛盾和主要任务没发生根本性的改变，但是国际、国内和党内的情况都发生了重大的变化，党所处的地位和环境、党所肩负的历史任务、党的自身状况，都出现了许多新的情况。中国共产党历经革命、建设和改革，已经从领导人民为夺取全国政权而奋斗的党，发展成为领导人民掌握全国政权并长期执政的党；已经从受到外部封锁和实行计划经济条件下领导国家建设的党，发展成为实行对外开放和发展社会主义市场经济条件下领导国家建设的党。以江泽民同志为主要代表的中国共产党人，科学判断形势，全面把握大局，进行艰辛探索，从容应对困难和风险，全面推进社会主义现代化建设，开创了中国特色社会主义事业新局面，“三个代表”重要思想就是在科学判断党的历史方位的基础上提出来的。

“三个代表”重要思想是一个完整的思想体系，经历了一个从酝酿、形成到逐步深化的过程。江泽民指出：“我提出这个问题，是经过了长时期思考的。在实行改革开放和发展社会主义市场经济的条件下，建设什么样的党、怎样建设党，是一个重大现实问题，直接关系到我们党和国家的前途命运。党的十四届四中全会和十五大提出的党的建设新的伟大工程，就是回答这个问题的。”[①]“三个代表”重要思想，是我们党在理论和实践上不断探索和开拓的结果。

围绕在新的历史条件下加强党的建设的这个重大理论问题和现实问题，江泽民先后在广东和江苏、浙江、上海等地考察工作，就加强新时期党的建设进行了调研，对关系新时期党建工作全局的重大理论问题和现实问题作出了系统、科学的回答，提出了“三个代表”重要思想。

2000 年 2 月 25 日，江泽民在广东考察工作时，从全面总结党的历史经验和如何适应新形势新任务的要求出发，首次对“三个代表”进行了比较全面的阐述。2000 年 5 月 14 日，江泽民在江苏、浙江、上海党建工作座谈会上，明确提出：“推进党的思想建设、政治建设、组织建设、作风建设，都应该贯穿‘三个代表’要求。”[②]要“把‘三个代表’要求贯彻落实到党的全部工作中去”。同年 6 月 9 日，江泽民在全国党校工作会议上第一次指出，“三个代表”重要思想所

①《江泽民文选》第三卷，人民出版社 2006 年版，第 44 页。

②《江泽民文选》第三卷，人民出版社 2006 年版，第 15 页。

要回答和解决的正是“建设什么样的党、怎样建设党”的重大问题。

2001 年 7 月 1 日，江泽民在庆祝中国共产党成立 80 周年大会上的讲话中全面阐述了“三个代表”重要思想的科学内涵和基本内容。

2002 年 5 月 31 日，江泽民在中共中央党校省部级干部进修班毕业典礼上深刻阐述了“三个代表”重要思想的内在联系，提出“贯彻‘三个代表’要求，关键在坚持与时俱进，核心在保持党的先进性，本质在坚持执政为民”。这就深刻揭示了“三个代表”重要思想作为一个完整理论体系的内在的逻辑联系。

江泽民在党的十六大报告中，全面阐述了“三个代表”重要思想形成的时代背景、历史地位、精神实质和指导意义。党的十六大将“三个代表”重要思想与马克思列宁主义、毛泽东思想和邓小平理论一道确立为党必须长期坚持的指导思想，并写入党章。

“三个代表”重要思想涵盖了社会主义经济建设、政治建设、文化建设、社会建设和党的建设以及国防和军队现代化建设、祖国统一、国际战略和外交工作等各个领域，涉及改革发展稳定、内政外交国防、治党治国治军等各个方面，包含着丰富的内容。代表中国先进生产力的发展要求，就是党的各项工作，要符合先进生产力发展的要求，通过改革开放，大力发展生产力，不断提高人民群众的生活水平。代表中国先进文化的前进方向，就是党的各项工作，要努力发展面向现代化、面向世界、面向未来的，民族的科学的大众的社会主义文化，不断提高全民族的思想道德素质和科学文化素质，为我国经济社会发展提供精神动力和智力支持。代表中国最广大人民群众的根本利益，就是党的各项工作，必须坚持把人民的根本利益作为出发点和归宿，使人民群众不断增强获得感、幸福感。

“三个代表”重要思想反映了当代世界和中国的发展变化对党和

国家工作的新要求，全面体现了党的基本理论、基本路线、基本纲领、基本经验，是我们党艰辛探索和伟大实践的重大成果。“三个代表”重要思想在改革发展稳定、内政外交国防、治党治国治军各个方面提出了一系列相互联系、相互贯通的新思想、新观点、新论断，在邓小平理论的基础上进一步回答了什么是社会主义、怎样建设社会主义的问题，创造性地回答了建设什么样的党、怎样建设党的问题，深化了党对中国特色社会主义的认识。

（四）科学发展观

科学发展观是我们党坚持以马克思列宁主义、毛泽东思想、邓小平理论和“三个代表”重要思想为指导，在准确把握世界发展趋势、认真总结我国发展经验、深入分析我国发展阶段性特征的基础上提出来的。科学发展观的提出，说明我们党正确把握了当代中国发展的阶段性特征，是我们党在新世纪推进马克思主义理论创新的标志性重大成果，是指导发展的世界观和方法论的集中体现，是推进我国经济、政治、文化和社会等方面建设的指导方针。

在当代历史条件下，自觉地把发展作为执政兴国第一要务的中国共产党人，十分重视研究分析发展面临的现实矛盾和问题，深入提炼符合现阶段发展特征的指导方针。经过改革开放20多年的迅速发展，我国已进入全面建设小康社会的新阶段，经济社会发展呈现出一系列机遇和挑战并存的阶段性特征。比如，经济发展保持平稳较快增长，但城乡发展不平稳、经济社会发展不平衡的问题也异常突出；产业结构调整的成效日趋显著，但长期积累的结构性矛盾和粗放型经济增长方式还没有根本性改变；社会主义市场经济体制已初步建立，但改革攻关的任务还相当艰巨复杂；有利于国家长治久安的民主政治建设不断发展，但人们思想活动的独立性、选择性、多变性、差异性也明显增强；对外开放使我国经济发展的国际空间日益拓展，但同时我们面临国际竞争的压力也在增大等。正是由于准确把握了当代中国发展的这些阶段性特征，我们党因势利导地提出科学发展观，为正确应对经济社会发展面临的机遇和挑战提供了战略指导。从这个意义上说，科学发展观是直面现实的马克思主义发展观。

科学发展观是我们党在深刻总结社会主义中国长期发展的实践经验基础上提出来的。我国社会主义建设的实践历程，也就是中国共产党人通过总结经验不断深化对发展规律认识的过程。新中国成立以来，与党的几代中央领导集体对中国特色社会主义建设道路的不懈探索相联系，我们党在发展问题上相继创造和积累了许多有益的经验，如坚持统筹兼顾原则，坚持“一个中心、两个基本点”，坚持“两手抓、两手都要硬”，坚持经济、政治、文化“三位一体”，坚持改革、发展、稳定互为促进，等等。坚持以人为本，注重全面、协调、可持续发展的科学发展观，正是我们党以科学态度总结长期以来领导经济社会发展经验的产物，它凝结了几代中国共产党人的心血和智慧，把我们对经济社会发展规律的认识提升到了一个新的高度。科学发展观从总结历史和着眼未来的结合上，融会贯通社会主义的发展方向、改革开放的发展道路和新型工业化的发展模式，并成功注入体现时代要求的一系列新思想、新观念、新论断，从而形成了中国特色系统性发展理论。科学发展观是对社会主义现代化建设指导思想的重大发展，是与时俱进的马克思主义发展观。

科学发展观是我们党在积极借鉴当今世界有关发展方面认识成果的基础上提出来的。在新的历史条件下，我们党为了更好地解决中国发展问题，坚持以宽广的视野观察分析世界发展趋势，广泛吸纳和借鉴当代人类社会在发展方面的认识成果。20世纪50年代以来，随着世界各国特别是发达国家现代化发展实践的推进，国际社会对发展问题的认识不断深化，逐渐形成了增长不等于发展，经济发展不等于社会进步，发展不能以牺牲生态环境为代价等共识，其发展观实现了三个大的转变，即从追求“增长第一”的经济发展，转变为注重经济社会的综合协调发展；从追求以物为中心的发展，转变为突出以人为中心的发展；从不惜以破坏资源、生态、环境为代价追求经济增长，转变为重视人与自然和谐统一的可持续发展。注重发展的综合性、协调性和持续性，已成为人类社会发展理念的主流。我们党提出的科学发展观，正是以宽广视野借鉴吸收当今世界在这方面的认识成果，并结合中国实际进行创造的思想结晶。由此可见，科学发展观是顺应世界大势的马克思主义发展观。

科学发展观是我们党理论创新成果的集中体现，内涵极为丰富。科学发展观所强调的以人为本，就是以实现人的全面发展为目标，从人民群众的根本利益出发谋发展、促发展，不断满足人民群众日益增长的物质、文化需要，切实保障人民群众的经济、政治和文化权益，让发展的成果惠及全体人民。科学发展观所强调的全面发展，就是以经济建设为中心，全面推进经济、政治、文化与社会建设，实现经济发展和社会全面进步。科学发展观所强调的协调发展，就是统筹城乡发展、统筹区域发展、统筹经济社会发展、统筹人与自然和谐发展、统筹国内发展和对外开放，推进生产力和生产关系、经济基础和上层建筑相协调，推进经济、政治、文化、社会建设的各个环节、各个方面相协调。科学发展观所强调的可持续发展，就是促进人与自然的和谐，实现经济发展和人口、资源、环境相协调，坚持走生产发展、生活富裕、生态良好的文明发展道路，保证一代接一代地永续发展。科学发展观涵盖了经济、政治、文化、社会、军事等各个领域，是一个博大精深的思想理论体系。科学发展观进一步宣示，我们建设的社会主义是全面发展、共同富裕的社会主义，我们追求的发展是惠及全体人民和子孙后代的发展，我们要走的发展道路是又好又快的发展道路。

科学发展观将发展作为第一要义，强调发展是硬道理，在当代中国的本质要求就是科学发展，深化了我们党关于发展的认识；科学发展观将以人为本作为核心，把经济社会发展与人的全面发展统一起来，赋予党的宗旨以新的时代内涵；科学发展观将全面协调可持续作为基本要求，揭示了经济建设、政治建设、文化建设、社会建设以及生态文明建设的内在联系，揭示了科学发展与社会和谐的内在联系，回答了我国经济社会发展中的一系列重大问题；科学发展观将统筹兼顾作为根本方法，丰富和发展了解决我国经济社会矛盾的方法论，深化了对社会主义现代化建设的规律性认识。科学发展观是对党的几代中央领导集体关于发展的重要思想的继承和发展，是马克思主义关于发展的世界观和方法论的集中体现，是同马克思列宁主义、毛泽东思想、邓小平理论和“三个代表”重要思想既一脉相承又与时俱进的科学理论，继续回答了什么是社会主义、怎样建设社会主义，建设什么样的党、怎样建设党的问题，创造性地回答了实现什么样的发展、怎样发展的问题，使我们党对中国特色社会主义的认识达到了新高度。

（五）习近平新时代中国特色社会主义思想

习近平新时代中国特色社会主义思想，是对马克思列宁主义、毛泽东思想、邓小平理论、“三个代表”重要思想、科学发展观的继承和发展，是马克思主义中国化时代化最新成果，是党和人民实践经验和集体智慧的结晶，是中国特色社会主义理论体系的重要组成部分，是全党全国人民为实现中华民族伟大复兴而奋斗的行动指南。

党的十八大以来，以习近平同志为核心的党中央，团结带领全党全国各族人民，全面审视国际国内新的形势，通过总结实践、展望未来，深刻回答了新时代坚持和发展什么样的中国特色社会主义、怎样坚持和发展中国特色社会主义这个重大时代课题，坚持统筹推进“五位一体”总体布局、协调推进“四个全面”战略布局，坚持稳中求进工作总基调，对党和国家各方面工作提出一系列新理念新思想新战略，推动党和国家事业发生历史性变革、取得历史性成就，中国特色社会主义进入了新时代。

习近平总书记对关系新时代党和国家事业发展的一系列重大理论和实践问题进行了深邃思考和科学判断，就新时代坚持和发展什么样的中国特色社会主义、怎样坚持和发展中国特色社会主义，建设什么样的社会主义现代化强国、怎样建设社会主义现代化强国，建设什么样的长期执政的马克思主义政党、怎样建设长期执政的马克思主义政党等重大时代课题，提出一系列原创性的治国理政新理念新思想新战略，取得了一系列理论创新成果，创立了习近平新时代中国特色社会主义思想。

2017 年 10 月，党的十九大第一次提出了“习近平新时代中国特色社会主义思想”的新概念，对习近平系列重要讲话精神和治国理政新理念、新思想和新战略作了新的概括和命名。

党的十九大、十九届六中全会提出的“十个明确”“十四个坚持”“十三个方面成就”概括了这一思想的主要内容。《中共中央关于党的百年奋斗重大成就和历史经验的决议》进一步加以确认。“十个明确”是指：明确中国特色社会主义最本质的特征是中国共产党领导，中国特色社会主义制度的最大优势是中国共产党领导，中国共产党是最高政治领导力量，全党必须增强“四个意识”、坚定“四个自信”、做到“两个维护”；明确坚持和发展中国特色社会主义，总任务是实现社会主义现代化和中华民族伟大复兴，在全面建成小康社会的基础上，分两步走在本世纪中叶建成富强民主文明和谐美丽的社会主义现代化强国，以中国式现代化推进中华民族伟大复兴；明确新时代我国社会主要矛盾是人民日益增长的美好生活需要和不平衡不充分的发展之间的矛盾，必须坚持以人民为中心的发展思想，发展全过程人民民主，推动人的全面发展、全体人民共同富裕取得更为明显的实质性进展；明确中国特色社会主义事业总体布局是经济建设、政治建设、文化建设、社会建设、生态文明建设五位一体，战略布局是全面建设社会主义现代化国家、全面深化改革、全面依法治国、全面从严治党四个全面；明确全面深化改革总目标是完善和发展中国特色社会主义制度、推进国家治理体系和治理能力现代化；明确全面推进依法治国总目标是建设中国特色社会主义法治体系、建设社会主义法治国家；明确必须坚持和完善社会主义基本经济制度，使市场在资源配置中起决定性作用，更好发挥政府作用，把握新发展阶段，贯彻创新、协调、绿色、开放、共享的新发展理念，加快构建以国内大循环为主体、国内国际双循环相互促进的新发展格局，推动高质量发展，统筹发展和安全；明确党在新时代的强军目标是建设一支听党指挥、能打胜仗、作风优良的人民军队，把人民军队建设成为世界一流军队；明确中国特色大国外交要服务民族复兴、促进人类进步，推动建设新型国际关系，推动构建人类命运共同体；明确全面从严治党的战略方针，提出新时代党的建设总要求，全面推进党的政治建设、思想建设、组织建设、作风建设、纪律建设，把制度建设贯穿其中，深入推进反腐败斗争，落实管党治党政治责任，以伟大自我革命引领伟大社会革命。

“十四个坚持”是指：坚持党对一切工作的领导，坚持以人民为中心，坚持全面深化改革，坚持新发展理念，坚持人民当家作主，坚持全面依法治国，坚持社会主义核心价值体系，坚持在发展中保障和改善民生，坚持人与自然和谐共生，坚持总体国家安全观，坚持党对人民军队的绝对领导，坚持“一国两制”和推进祖国统一，坚持推动构建人类命运共同体，坚持全面从严治党。

“十三个方面成就”是指：在坚持党的全面领导上，党中央权威和集中统一领导得到有力保证，党的领导制度体系不断完善，党的领导方式更加科学，全党思想上更加统一、政治上更加团结、行动上更加一致，党的政治领导力、思想引领力、群众组织力、社会号召力显著增强。在全面从严治党上，经过坚决斗争，全面从严治党的政治引领和政治保障作用充分发挥，党的自我净化、自我完善、自我革新、自我提高能力显著增强，管党治党宽松软状况得到根本扭转，反腐败斗争取得压倒性胜利并全面巩固，消除了党、国家、军队内部存在的严重隐患，党在革命性锻造中更加坚强。在经济建设上，我国经济发展平衡性、协调性、可持续性明显增强，国内生产总值突破百万亿元大关，人均国内生产总值超过一万美元，国家经济实力、科技实力、综合国力跃上新台阶，我国经济迈上更高质量、更有效率、更加公平、更可持续、更为安全的发展之路。在全面深化改革开放上，党不断推动全面深化改革向广度和深度进军，中国特色社会主义制度更加成熟更加定型，国家治理体系和治理能力现代化水平不断提高，党和国家事业焕发出新的生机活力。在政治建设上，我国社会主义民主政治制度化、规范化、程序化全面推进，中国特色社会主义政治制度优越性得到更好发挥，生动活泼、安定团结的政治局面得到巩固和发展。在全面依法治国上，中国特色社会主义法治体系不断健全，法治中国建设迈出坚实步伐，法治固根本、稳预期、利长远的保障作用进一步发挥，党运用法治方式领导和治理国家的能力显著增强。在文化建设上，我国意识形态领域形势发生全局性、根本性转变，全党全国各族人民文化自信明显增强，全社会凝聚力和向心力极大提升，为新时代开创党和国家事业新局面提供了坚强思想保证和强大精神力量。在社会建设上，我国社会建设全面加强，人民生活全方位改善，社会治理社会化、法治化、智能化、专业化水平大幅度提升，发展了人民安居乐业、社会安定有序的良好局面，续写了社会长期稳定的奇迹。在生态文明建设上，党中央以前所未有的力度抓生态文明建设，全党全国推动绿色发展的自觉性和主动性显著增强，美丽中国建设迈出重大步伐，我国生态环境保护发生历史性、转折性、全局性变化。在国防和军队建设上，在党的坚强领导下，人民军队实现整体性革命性重塑、重整行装再出发，国防实力和经济实力同步提升，一体化国家战略体系和能力加快构建，建立健全退役军人管理保障体制，国防动员更加高效，军政军民团结更加巩固。人民军队坚决履行新时代使命任务，以顽强斗争精神和实际行动捍卫了国家主权、安全、发展利益。在维护国家安全上，国家安全得到全面加强，经受住了来自政治、经济、意识形态、自然界等方面的风险挑战考验，为党和国家兴旺发达、长治久安提供了有力保证。在坚持“一国两制”和推进祖国统一上，实践证明，有中国共产党的坚强领导，有伟大祖国的坚强支撑，有全国各族人民包括香港特别行政区同胞、澳门特别行政区同胞和台湾同胞的同心协力，香港、澳门长期繁荣稳定一定能够保持，祖国完全统一一定能够实现。在外交工作上，经过持续努力，中国特色大国

庆祝中华人民共和国成立70周年大会群众游行队伍中的“伟大复兴”方阵（中新图片 / 富田）

外交全面推进，构建人类命运共同体成为引领时代潮流和人类前进方向的鲜明旗帜，我国外交在世界大变局中开创新局、在世界乱局中化危为机，我国国际影响力、感召力、塑造力显著提升。

这些战略思想和创新理念，是党对中国特色社会主义建设规律认识深化和理论创新的重大成果。

习近平新时代中国特色社会主义思想是当代中国马克思主义、21世纪马克思主义，是中华文化和中国精神的时代精华，实现了马克思主义中国化时代化新的飞跃。

第八章

人间正道是沧桑

和平的发展道路

自新中国成立尤其是改革开放以来，中国共产党成功探索出一条与时代发展和本国国情相适应的和平发展道路，即通过和平发展，使中国强大起来，真正自立于世界民族之林，从而进一步促进世界的和平与进步。中国的和平发展道路不同于传统的大国兴起过程中对外扩张、给世界造成不安宁的发展道路，而是人类追求文明进步的一条全新道路，是中国现代化建设的必由之路。通过这条道路，中国人民正努力把自己的国家建设成富强民主文明和谐美丽的社会主义现代化强国，并以自身的发展不断对人类进步事业作出新的更大的贡献。

一、中国走和平发展道路的客观必然性

中国走和平发展道路并不是权宜之计，而是历史发展的必然。

（一）中国坚定不移地走和平发展道路，是由中国的社会主义制度所决定的

社会主义的本质，是解放生产力，发展生产力，消灭剥削，消除两极分化，最终达到共同富裕，实现人的自由全面发展。社会主义反对阶级剥削、民族压迫、侵略战争，追求全人类的正义、平等、和平。因此，社会主义制度本质上是和平的制度。维护世界和平是社会主义题中应有之义。中国是社会主义国家，维护世界和平，促进共同发展是我们义不容辞的责任。社会主义制度能够实现国内的和谐，因为在社会主义制度下，全体人民的根本利益是一致的，不存在根本的利益冲突。随着社会主义事业的发展，所有的人都能够和谐相处。社会主义也需要和能够实现国际的和谐。十月革命胜利后，列宁就为新生的苏联制定了第一个对外政策的纲领性文件《和平法令》，明确阐述了社会主义的苏联和平外交政策的根本立场和原则要求。根据国际关系中出现的社会主义国家和资本主义国家共存的情况，列宁提出与社会制度不同的国家和平共处的思想，并指出社会主义的苏联在一个相当长的时期内能够从事和平建设。新中国成立后，我们党创造性地运用和发展了列宁的和平共处思想，提出和平共处五项原则。随着时间的推移，这一原则运用的范围不断扩大，现在已经成为我国处理一切国家关系的准则。

（二）中国坚定不移地走和平发展道路，是由中国自身发展需要所决定的

1840 年鸦片战争以后的 100 多年里，中国饱受列强欺凌，国内纷争不断，中国人对战乱之苦难、和平之可贵体会尤为深刻。消除战争，实

现和平，建设独立富强、民主自由的国家，是近代以来中国人民孜孜以求的奋斗目标。中国的志士仁人为达到此目的进行了一个多世纪的英勇斗争。今天的中国虽然取得了巨大的成就，但由于人口多，底子薄，发展不平衡，仍然是世界上最大的发展中国家，面临的发展任务还很艰巨。中国要实现社会主义现代化，还有很长的路要走。加快经济社会发展，建设现代化国家，不断改善人民生活始终是中国的中心任务。中国的发展需要和平的国际环境，需要与各国相互信任、和睦相处。这是中国走和平发展道路的内在要求。我们只有高举和平、发展、合作的旗帜，坚持走和平发展道路，既通过维护世界和平来发展自己，又以自身的发展促进世界和平，加强同世界各国和平共处、互利合作，才能为我国发展创造更好的外部条件，更好地实现持久发展。改革开放以来，中国发展的事实已经证明了这一点。因此，走和平发展道路，维护世界的和平与稳定，是中国自身发展需要的必然选择。

（三）中国坚定不移地走和平发展道路，是由中国历史文化传统所决定的

中华文化从总体上讲是一种和平的文化。中华民族一向主张“和为贵”“讲信修睦”“己所不欲，勿施于人”“利而不害，为而不争”“兼爱”“非攻”。不仅人与人之间主张“和为贵”，国与国之间也主张“和为贵”，中国传统文化主张与邻为善，反对以邻为壑。我国古代思想家曾提出过“协和万邦”“天下一家”的理想。中华民族历来就是热爱和平的民族。渴望和平、追求和谐，始终是中国人民的精神特征。从2000多年前的丝绸之路，到600年前的郑和七下西洋，中华民族向世界传播的都是和平、发展与合作的友好心声，充分反映了中国人民与世界各国人民加强交流的和平诚意。正如李大钊所说，

改革开放 40 多年来，中国通过求和平谋发展、以发展促和平，经济建设取得举世瞩目的成就，地区影响力和国际地位显著提升，在维护自身和平的同时，以实际行动为地区和世界和平贡献中国智慧、中国方案和中国力量。图为中国第 18 批赴黎巴嫩维和部队

东方文明“为与自然和解、与同类和解之文明”[①]。崇尚和平、反对战争的中华民族文化传统是中国走和平发展道路的重要思想渊源。

（四）中国坚定不移地走和平发展道路，是由当今世界发展潮流所决定的

在当今世界，人类面临许多全球性的问题，归结起来都同和平与发展密切相关。正如邓小平所指出的：“现在世界上真正大的问题，带全球性的战略问题，一个是和平问题，一个是经济问题或者说发展

①《李大钊文集》第二卷，人民出版社 1999 年版，第 202 页。

问题。”[1]求和平、促发展、谋合作是世界各国人民的共同心愿，也是不可阻挡的历史潮流。中国是国际社会中的一员，要实现自己的发展，也要顺应天下大势，与世界各国共同承担维护世界和平的责任。当今时代，任何国家都难以再通过军事战争手段主宰世界，而是主要依靠科技和文化的力量去赢得世界，发展自己。经济全球化、区域经济集团化趋势的深入发展，加深了国家之间的相互依赖程度，给世界和平与发展带来了新的机遇，争取较长时期的和平国际环境是可以实现的。只要世界各国共同努力，就能够逐步实现建设一个持久和平、共同繁荣的和谐世界的目标。维护世界和平，促进共同发展，符合当今世界发展的潮流，这是中国坚定不移地走和平发展道路的时代背景。我们必须更加注重从国际国内形势的相互联系中把握发展方向，更加注重从国际国内条件的相互转化中用好发展机遇，更加注重从国际国内资源的优势互补中创造发展条件，更加注重从国际国内因素的综合作用中掌握发展全局。

二、中国和平发展道路的形成和发展

（一）中国和平发展道路提出的背景

中国和平发展道路是在和平与发展已成为时代主题，我国改革开放以来社会主义建设取得重大成就，而国际上对中国的发展出现某些担忧和疑虑的历史条件下提出来的。

改革开放以来，我国的社会生产力获得了新的解放，综合国力显

①《邓小平文选》第三卷，人民出版社 1993 年版，第 105 页。

著增强，整个国家呈现出蓬勃发展的新局面。特别是20世纪80年代末、90年代初以来，国际共产主义运动发生严重挫折，而中国特色社会主义欣欣向荣、蒸蒸日上。中国的迅速发展引起了一些国家的疑虑和担忧。以美国为首的西方国家对于社会主义中国的发展存有戒心，一方面担心中国的崛起会对它们构成威胁，形成挑战；另一方面，怕日渐崛起的中国政局不稳，引起全球动荡。在这种情况下，某些西方国家特别是美国的学者极力渲染“中国威胁论”和“中国崩溃论”。

与“中国威胁论”相类似的还有所谓的“中国崩溃论”。

“中国崩溃论”无限放大中国经济社会中存在的一些问题，并得出中国即将崩溃的荒谬结论。

“中国威胁论”和“中国崩溃论”的制造者用冷战思维的眼光来看待中国的发展，对中国抱有根深蒂固的疑惧和排斥。其目的在于恶化中国的国际环境，制约中国的发展。这种论调不仅直接影响着美国等西方国家对华政策的制定，而且还扩展到中国的一些近邻。这些国家中的一些人也在以一种怀疑和恐惧的心态面对中国的发展。这种不正常的心态严重地干扰了中国与这些国家发展正常的双边关系。

因此，确定中国和平发展的整体战略，系统地阐述中国的和平发展道路，回应所谓的“中国威胁论”和“中国崩溃论”，并通过实践证明中国坚定不移地走和平发展道路，使世界各国明确中国在全球政治中的定位，从而消除人们对中国发展的疑虑和担忧，有助于世界接纳一个快速发展的中国，并与中国展开有效的合作。这对于建设一个民主、和睦、公正、包容的和谐世界有着重要的意义。

（二）中国和平发展道路形成和发展的过程

历史上，我们曾在两种情况下明确使用过“和平发展道路”的概念。一是在中苏论战中针对苏共二十大提出的和平发展道路即议会道路，我们进行过批判。当然，这里所说的“和平发展道路”主要是指通过和平的途径来变革资本主义制度，与我们今天所说的和平发展道路还不是一回事。二是在与有关国家的交往中，我们希望这些国家走和平发展道路。比如，在中日交往中，我们曾一再敦促日本吸取历史教训，奉行和平宪法，恪守“专守防卫”政策，坚持走和平发展道路。换句话说，就是不要走过去对外侵略扩张、威胁其他国家的道路。我们也曾经在有些国家从长期的战乱走向和平时表示希望这些国家走和平发展道路。这些都不是指我们国家的和平发展道路。作为我国发展的整体战略，和平发展道路的提出和完善有一个发展过程。

第一，我国和平发展道路思想的最初提出。以毛泽东同志为主要代表的中国共产党人就提出了和平发展的思想。新中国成立后，百废待兴，建设任务极其繁重，需要有一个和平、稳定的国际环境。毛泽东就多次强调：“我们现在需要几十年的和平，至少几十年的和平，以便开发国内的生产，改善人民的生活。”“我们应该共同努力来防止战争，争取持久的和平。”①他认为，争取和维护世界和平，必须坚决反对霸权主义和强权政治，各国应该平等相待，各国的事情由各国人民自己去管，外国无权干涉。他强调，中国永远不做超级大国，永不称霸。中国在外交上一直奉行独立自主的和平外交政策，反对霸权主义，维护世界和平。中国在与其他国家的交往中，倡导了和平共处五项原则。

第二，我国和平发展道路的基本形成。改革开放以来，以邓小平同志为主要代表的中国共产党人在我国社会主义现代化建设的过程中，探索出一条和平发展道路。邓小平多次强调，中国始终不渝地奉行独

---

①《毛泽东文集》第六卷，人民出版社 1999 年版，第 365、370 页。

立自主的和平外交政策。中国的发展不会对其他国家造成不利影响，只会有利于世界的和平与发展。1978 年 5 月，邓小平在会见马达加斯加客人时说："我们现在还很穷，在无产阶级国际主义义务方面，还不可能做得很多，贡献还很小。到实现了四个现代化，国民经济发展了，我们对人类特别是对第三世界的贡献可能会多一点。作为一个社会主义国家，中国永远属于第三世界，永远不能称霸。问题是将来我们发展了，搞不搞霸权主义。到那个时候，如果中国还是社会主义国家，就不能实行霸权主义，仍然属于第三世界。如果那时中国翘起尾巴来了，在世界上称王称霸，指手画脚，那就会把自己开除出第三世界的'界籍'，肯定就不再是社会主义国家了。"①1979 年 12 月 6 日，邓小平在会见日本首相大平正芳时说："我们要实现的四个现代化，是中国式的四个现代化。我们的四个现代化的概念，不是像你们那样的现代化的概念，而是'小康之家'。到本世纪末，中国的四个现代化即使达到了某种目标，我们的国民生产总值人均水平也还是很低的……到了那个时候，我们有可能对第三世界的贫穷国家提供更多一点的帮助。那个时候，中国国内市场比较大了，相应的，与国外的经济交往，包括发展贸易，前景就更加宽广了。有人担心，如果中国那时候稍微富一点了，会不会在国际的竞争中起很大的作用？既然中国只是一个小康的国家，就不会发生这样的问题。坦率地说，现在我们的对外贸易总额还不如台湾多。我们发展到台湾现在的国民生产总值人均水平，也不会对国际市场产生什么威胁，因为自己的需要多了。"②1980 年 1 月，邓小平在题为《目前的形势和任务》的讲话中说："不仅世界人

① 中共中央文献研究室编：《邓小平思想年编（1975—1997）》，中央文献出版社 2011 年版，第 127—128 页。

② 中共中央文献研究室编：《邓小平思想年编（1975—1997）》，中央文献出版社 2011 年版，第 281 页。

民，我们自己也确确实实需要一个和平的环境。所以，我们的对外政策，就本国来说，是要寻求一个和平的环境来实现四个现代化。这不是假话，是真话。这不仅是符合中国人民的利益，也是符合世界人民利益的一件大事。”[①]1981 年 1 月，邓小平在会见美国客人时针对西方有些人认为“中国政府信奉的意识形态旨在摧毁类似美国这样的政府”的看法，明确指出：“这样的观点至少不是八十年代的观点，也不是七十年代的观点，而是恢复了六十年代以前的观点。”“这些观点如果不加澄清，很可能导致中美关系的后退。”[②]1984 年 5 月，他在会见巴西客人时明确指出：“中国的对外政策，主要是两句话。一句话是反对霸权主义，维护世界和平，另一句话是中国永远属于第三世界。中国现在属于第三世界，将来发展富强起来，仍然属于第三世界。中国和所有第三世界国家的命运是共同的。中国永远不会称霸，永远不会欺负别人，永远站在第三世界一边。”“中国对外政策的目标是争取世界和平。在争取和平的前提下，一心一意搞现代化建设，发展自己的国家，建设具有中国特色的社会主义。”[③]1985 年 3 月，他在会见日本客人时指出：“中国现在是维护世界和平和稳定的力量，不是破坏力量。中国发展得越强大，世界和平越靠得住。”“中国的发展对世界、对亚太地区的和平和稳定都是有利的。”[④]1986 年 4 月，他在会见南斯拉夫客人时强调说：“如果十亿人的中国不坚持和平政策，不反对霸权主义，或者是随着经济的发展自己搞霸权主义，那对世界也是一个灾难，也是历史的倒退。”[⑤]1989 年 10 月，他在会见当时的泰国总理差猜时进

①《邓小平文选》第二卷，人民出版社 1994 年版，第 241 页。

②《邓小平文选》第二卷，人民出版社 1994 年版，第 378、376 页。

③《邓小平文选》第三卷，人民出版社 1993 年版，第 56、57 页。

④《邓小平文选》第三卷，人民出版社 1993 年版，第 104、105 页。

⑤《邓小平文选》第三卷，人民出版社 1993 年版，第 158 页。

一步指出："我们搞的是有中国特色的社会主义，是不断发展社会生产力的社会主义，是主张和平的社会主义。"[①] 在1992年春的南方谈话中，邓小平又强调："社会主义中国应该用实践向世界表明，中国反对霸权主义、强权政治，永不称霸。中国是维护世界和平的坚定力量。"[②] 邓小平的这些讲话，清楚地表明了这样几层意思：中国的发展需要一个和平的国际环境；中国是维护世界和平的力量，中国的发展有利于世界和平，也有利于世界的发展；中国将来发展起来了，强大了，仍然奉行和平的外交政策，永远不称霸。在邓小平理论指导下，改革开放以来，我们坚持独立自主的和平外交政策，努力维护世界和平，促进共同发展，实际上走的是一条和平发展道路。当然这时还没有使用"和平发展道路"这个概念。

第三，我国和平发展道路的进一步丰富和完善。1997年9月召开的中国共产党第十五次全国代表大会重申了中国的一贯主张，正面回应了所谓的"中国威胁论"。党的十五大报告明确指出："中国是维护世界和平和地区稳定的坚定力量。我们进行社会主义现代化建设，需要一个长期的和平国际环境特别是良好的周边环境。中国的发展不会对任何国家构成威胁。今后中国发达起来了，也永远不称霸。中国人民曾经长期遭受列强侵略、压迫和欺凌，永远不会把这种痛苦加之于人。"[③] 这实际上是已明确向世人宣示中国的和平发展道路。

2001年7月17日，江泽民在莫斯科罗蒙诺索夫大学发表题为《共创中俄关系的美好未来》的演讲，总结了20世纪世界历史的经验，强调世界各国都应该走和平发展的道路。他指出："在上个世纪

①《邓小平文选》第三卷，人民出版社1993年版，第328页。

②《邓小平文选》第三卷，人民出版社1993年版，第383页。

③《江泽民文选》第二卷，人民出版社2006年版，第41页。

里，人类创造了前所未有的物质文明和精神文明成果，但也经历了惨烈热战和长期冷战的磨难。正反两方面的历史经验昭示我们：和平来之不易，世界各国都应该走和平发展的道路；侵略扩张导致灾难，和平发展才能带来繁荣；不同社会制度和意识形态的国家应该求同存异、和平相处，共同应对人类生存和发展面临的挑战，共同推进世界和平与发展的崇高事业。”①

此后，也有过“和平崛起”的提法。2003 年 12 月 26 日，在纪念毛泽东同志诞辰 110 周年座谈会上，胡锦涛强调，中国“要坚持走和平崛起的发展道路，坚持在和平共处五项原则的基础上同各国友好相处，在平等互利的基础上积极开展同各国的交流和合作，为人类和平与发展的崇高事业作出贡献”②。

2004 年 3 月 14 日，温家宝在十届人大二次会议记者会上阐述了中国和平崛起的五大要义：“第一，中国的崛起就是要充分利用世界和平的大好时机，努力发展和壮大自己。同时又以自己的发展，维护世界和平。第二，中国的崛起应把基点主要放在自己的力量上，独立自主、自力更生，依靠广阔的国内市场、充足的劳动力资源和雄厚的资金积累，以及改革带来的机制创新。第三，中国的崛起离不开世界。中国必须坚持对外开放的政策，在平等互利的基础上，同世界一切友好国家发展经贸关系。第四，中国的崛起需要很长的时间，恐怕要多少代人的努力奋斗。第五，中国的崛起不会妨碍任何人，也不会威胁任何人。中国现在不称霸，将来即使强大了也永远不会称霸。”③

---

①《江泽民文选》第三卷，人民出版社 2006 年版，第 306 页。

② 中共中央文献研究室编：《十六大以来重要文献选编》上，中央文献出版社 2005 年版，第 647 页。

③《温家宝总理答中外记者问》，《人民日报》2004 年 3 月 15 日。

他正面回应了所谓的“中国威胁论”。

和平崛起的发展道路只不过是和平发展道路的又一种表述，两者的实质是一样的。但在西方的语境中，“崛起”一词带有“霸权交替”“权力转移”的潜在趋势，新兴大国的崛起往往会引起传统大国的不安。因而用和平发展道路的提法显得更平和一些。此后，中国领导人的讲话以及党和政府的各种文件中都使用和平发展道路的提法。

2004 年 6 月 16 日，胡锦涛在乌兹别克斯坦最高会议发表了题为《深化睦邻互信，开创美好未来》的重要演讲。他强调，中国将坚定不移地高举和平、发展、合作的旗帜，坚定不移地奉行独立自主的和平外交政策，坚定不移地走和平发展道路。中国奉行与邻为善、以邻为伴的周边外交方针，致力于睦邻、安邻、富邻。中国政府将在平等互利的基础上同包括中亚在内的周边地区加强经济技术合作，愿同各方一道开创互利、互补、互惠的新格局。中国的发展将给中国人民带来越来越多的福祉，也必将对中亚地区加快发展产生积极有效的影响。这是中国最高领导人在国际上明确阐述中国的和平发展道路。

2004 年 9 月 19 日，党的十六届四中全会通过的《中共中央关于加强党的执政能力建设的决定》强调，高举和平、发展、合作的旗帜，坚持独立自主的和平外交政策，走和平发展的道路，永远不称霸，第一次明确将中国的和平发展道路写进党的文件。

2005 年 3 月 5 日，温家宝在十届全国人大三次会议上作政府工作报告时强调，中国坚持和平发展道路与独立自主的和平外交政策，坚持在和平共处五项原则基础上与世界各国友好相处。他说，中国社会主义现代化建设道路是一条和平发展的道路。这条道路，就是利用世界和平的有利时机实现自身发展，又以自身的发展更好地维护和促进世界和平；就是在积极参与经济全球化和区域合作的同时，主要依靠自己的力量和改革创新来实现发展；就是坚持对外开放，在平等互利的基础上，积极发展同世界各国的合作；就是聚精会神搞建设，一心一意谋发展，长期维护和平的国际环境和良好的周边环境；就是永远不称霸，永远做维护世界和平和促进共同发展的坚定力量。这是中国的和平发展道路第一次被写进政府的重要文件中。

2005 年 9 月 15 日，胡锦涛在联合国成立 60 周年首脑会议上发表题为《努力建设持久和平、共同繁荣的和谐世界》的主旨讲话，全面阐述了中国的和平发展道路。他指出："中国将坚定不移地高举和平、发展、合作的旗帜，坚定不移地走和平发展道路，坚定不移地奉行独立自主的和平外交政策，在和平共处五项原则的基础上同世界各国发展友好合作关系。中国将始终不渝地把自身的发展与人类共同进步联系在一起，既充分利用世界和平发展带来的机遇发展自己，又以自身的发展更好地维护世界和平、促进共同发展。中国将一如既往地遵守联合国宪章的宗旨和原则，积极参与国际事务，履行国际义务，同各国一道推动建立公正合理的国际政治经济新秩序。中华民族是热爱和平的民族。中国的发展不会妨碍任何人，也不会威胁任何人，只会有利于世界的和平稳定、共同繁荣。"[①]这是中国领导人在联合国全面阐述中国的和平发展道路。

2005 年 10 月 11 日，党的十六届五中全会审议通过的《中共中央关于制定国民经济和社会发展第十一个五年规划的建议》，描绘了我国在 21 世纪第二个五年全面建设小康社会的宏伟蓝图，对我们坚持走和平发展道路、积极营造良好的国际和平环境提出了新的任务和

---

① 中共中央文献研究室编：《十六大以来重要文献选编》中，中央文献出版社 2006 年版，第 998 页。

要求。该建议指出："积极营造良好的外部环境。坚持独立自主的和平外交政策，坚持走和平发展道路，为现代化建设营造良好的周边环境和国际环境。巩固和加强同发展中国家的团结合作这个基本立足点，拓宽合作领域，提高合作效益。坚持与邻为善、以邻为伴的周边外交方针，把同周边国家的互利合作推向新水平。扩大同发达国家的共同利益，妥善处理各种矛盾和问题，推动相互关系进一步改善和发展。积极参与多边外交事务，促进国际合作。广泛深入开展民间外交，做好文化交流，加强对外宣传工作，增进同世界各国人民的相互了解和友谊。"①

2005 年 12 月 22 日，国务院新闻办公室发表了《中国的和平发展道路》白皮书，第一次以政府文告的形式系统地阐述了中国走和平发展道路的立场和决心，以及我国坚持这条道路已经取得的成就和今后继续走这条道路的战略方针和政策措施，正面回应了国际上对中国发展的各种疑虑和担忧。这是中国政府对世界的庄严承诺，是中国坚持和平发展道路的全面政策宣示。

此后，我国领导人在国际交流中经常阐述中国的和平发展道路。和平发展道路已成为中国发展的整体战略。

2011 年 9 月 6 日，国务院新闻办公室发表了《中国的和平发展》白皮书。在进入 21 世纪第二个十年和中国共产党成立 90 周年之际，中国再次向世界郑重宣告，和平发展是中国实现现代化和富民强国、为世界文明进步作出更大贡献的战略抉择。中国将坚定不移沿着和平发展道路走下去。

---

① 中共中央文献研究室编：《十六大以来重要文献选编》中，中央文献出版社 2006 年版，第 1084 页。

党的十八大以来，以习近平同志为核心的党中央在国际国内各种场合，进一步阐发了中国的和平发展道路。

2013 年 1 月 28 日，习近平总书记在主持十八届中央政治局第三次集体学习时说：“走和平发展道路，是我们党根据时代发展潮流和我国根本利益作出的战略抉择……坚持开放的发展、合作的发展、共赢的发展，通过争取和平国际环境发展自己，又以自身发展维护和促进世界和平，不断提高我国综合国力，不断让广大人民群众享受到和平发展带来的利益，不断夯实走和平发展道路的物质基础和社会基础。”①

2015 年 9 月 3 日，习近平总书记在纪念中国人民抗日战争暨世界反法西斯战争胜利 70 周年大会上的讲话中强调：“为了和平，中国将始终坚持走和平发展道路。中华民族历来爱好和平。无论发展到哪一步，中国都永远不称霸、永远不搞扩张，永远不会把自身曾经经历过的悲惨遭遇强加给其他民族。中国人民将坚持同世界各国人民友好相处，坚决捍卫中国人民抗日战争和世界反法西斯战争胜利成果，努力为人类作出新的更大的贡献。”②

2018 年 3 月 11 日，第十三届全国人民代表大会第一次会议通过《中华人民共和国宪法修正案》，在“中国坚持独立自主的对外政策，坚持互相尊重主权和领土完整、互不侵犯、互不干涉内政、平等互利、和平共处的五项原则”后增加“坚持和平发展道路，坚持互利共赢开放战略，发展同各国的外交关系和经济、文化交流，推动构建人

① 习近平：《更好统筹国内国际两个大局　夯实走和平发展道路的基础》，《人民日报》2013 年 1 月 30 日。

② 中共中央文献研究室编：《十八大以来重要文献选编》中，中央文献出版社 2016 年版，第 666 页。

中国人民热爱和平，珍惜和平，将坚持同世界各国人民友好相处，努力为人类作出新的更大的贡献。图为纪念中国人民抗日战争暨世界反法西斯战争胜利70周年大会上7万只和平鸽展翅高飞的壮观场景（曾志/供图）

类命运共同体”，第一次将中国走和平发展道路明确载入国家的根本大法。中国的和平发展道路已经被上升为国家意志。作为国家意志，是长期坚持不变的。

2020年9月3日，在纪念抗日战争胜利75周年座谈会上，习近平总书记再一次强调：实现中华民族伟大复兴，必须坚定不移走和平发展道路。人类命运休戚与共，各国人民应该秉持“天下一家”理念，共同推动构建人类命运共同体。中国人民将一如既往同各国人民携手努力，为创造人类美好未来而不懈奋斗。

2020年9月22日，习近平主席在第七十五届联合国大会一般性辩论上发表讲话，向世界再次郑重宣示：中国是世界上最大的发展中国家，走的是和平发展、开放发展、合作发展、共同发展的道路。我们永远不称霸，不扩张，不谋求势力范围，无意跟任何国家打冷战热战，坚持以对话弥合分歧，以谈判化解争端。

2022 年 10 月 16 日，习近平总书记在党的二十大报告中进一步指出：中国式现代化是走和平发展道路的现代化。我国不走一些国家通过战争、殖民、掠夺等方式实现现代化的老路，那种损人利己、充满血腥罪恶的老路给广大发展中国家人民带来深重苦难。我们坚定站在历史正确的一边、站在人类文明进步的一边，高举和平、发展、合作、共赢旗帜，在坚定维护世界和平与发展中谋求自身发展，又以自身发展更好维护世界和平与发展。

三、中国和平发展道路的基本内容

和平发展道路总结起来就是把中国国内发展与对外开放统一起来，把中国的发展与世界的发展联系起来，把中国人民的根本利益与世界人民的共同利益结合起来，与各国共同致力于建设持久和平与共同繁荣的和谐世界。既通过维护世界和平发展自己，又通过自身发展维护世界和平；在强调依靠自身力量和改革创新实现发展的同时，坚持对外开放，学习借鉴别国长处；顺应经济全球化发展潮流，寻求与各国互利共赢和共同发展；同国际社会一道努力，推动建设持久和平、共同繁荣的和谐世界。这条道路最鲜明的特征是科学发展、自主发展、开放发展、和平发展、合作发展、共同发展。

科学发展就是尊重并遵循经济社会和自然发展规律，牢牢抓住经济建设这个中心，坚持聚精会神搞建设，一心一意谋发展，不断解放和发展社会生产力。坚持统筹兼顾，正确认识和妥善处理中国特色社会主义事业中的重大关系，统筹城乡发展、区域发展、经济社会发展、人与自然和谐发展、国内发展和对外开放。

自主发展就是始终坚持独立自主，把国家发展的基点和重心放在国内，注重从本国国情出发，主要依靠自身力量和改革创新推动经济社会发展，不把问题和矛盾转嫁给别国。

开放发展就是把改革开放作为一项基本国策，把对内改革和对外开放结合起来，把坚持独立自主同参与经济全球化结合起来，把国际国内两个市场、两种资源结合起来，不断拓展对外开放的广度和深度，加强同世界各国交流合作，完善内外联动、互利共赢、安全高效的开放型经济体系。

和平发展就是中国积极为世界和平与发展作出自己应有的贡献，绝不搞侵略扩张，永远不争霸、不称霸。

合作发展就是坚持以合作谋和平、以合作促发展、以合作化争端，同其他国家建立和发展不同形式的合作关系，致力于通过同各国不断扩大互利合作，有效应对日益增多的全球性挑战，协力解决关乎世界经济发展和人类生存进步的重大问题。

共同发展就是奉行互利共赢的开放战略，坚持自身利益与人类共同利益的一致性，在追求自身发展的同时努力实现与他国发展的良性互动，促进世界各国共同发展。

（一）争取和平的国际环境来发展自己，又以自身的发展促进世界的和平与发展

积极推动国际政治经济秩序向公正合理的方向发展，促进国际关系民主化。支持联合国改革，坚决维护联合国的长远利益和广大会员的共同利益。以实际行动推动与周边地区建立睦邻互信，促进地区安全合作。积极参与处理国际和地区热点问题，既承担广泛的国际义务，也发挥负责任的建设性作用，促进世界共同安全。尽最大努力援

助其他发展中国家，促进各国共同发展。不断加强与各种文明之间的交流与对话，促进不同文明相互包容。积极参与多边贸易体制，致力于建设公平、自由的国际贸易体制。不断深化区域经济合作。妥善处理贸易摩擦等问题，促进与各国的共同发展。

（二）依靠自身力量和改革创新实现发展，同时坚持对外开放

中国坚持以习近平新时代中国特色社会主义思想统筹国内发展和对外开放，把发展放在自己力量的基点上，立足本国实际，同时坚持全方位、宽领域、多层次的对外开放，努力实现更为均衡的发展。

我国社会的主要矛盾已经转化为人民日益增长的美好生活需要和不平衡不充分的发展之间的矛盾。随着我国经济的发展和人民生活水平的不断提高，人民不仅对物质文化生活提出了更高要求，而且在自由、民主、法治、公平、正义、安全、环境等方面的要求也逐渐增长。当前制约满足人民美好生活需要的因素主要是发展不平衡不充分的问题。这些问题是当前和今后一个时期制约我国发展和满足人民日益增长的美好生活需要的主要问题，是现阶段各种社会矛盾交织的主要根源。

解决中国的发展问题，从根本上要靠中国自己。中国决不把问题和矛盾转嫁给别国，更不会通过掠夺别国来发展自己。

依靠自身力量和改革创新实现发展，就是要把中国的发展放在自己力量的基点上，不能依赖外国。正如邓小平在党的十二大开幕词中所说：“中国的事情要按照中国的情况来办，要依靠中国人自己的力量来办。独立自主，自力更生，无论过去、现在和将来，都是我们

的立足点。”①

一是坚持观念创新和体制创新。通过解放思想，实事求是，锐意进取，调动亿万人民的积极性、主动性和创造性，不断开创中国特色社会主义现代化建设的新局面。继续坚定不移地推进各方面改革，推进体制创新。

二是转变经济发展方式。把经济结构战略性调整作为主攻方向。坚持扩大国内需求特别是消费需求，通过多种途径增强居民消费能力，调整优化国内投资结构，同步推进工业化、城镇化和农业现代化，促进经济增长由主要依靠投资和出口拉动向消费、投资、出口协调拉动转变，由主要依靠第二产业带动向依靠第一、二、三产业协同带动转变，由主要依靠增加物质资源消耗向主要依靠科技进步、劳动者素质提高、管理创新转变。2020 年 5 月 14 日，中共中央政治局常委会会议提出：“深化供给侧结构性改革，充分发挥我国超大规模市场优势和内需潜力，构建国内国际双循环相互促进的新发展格局。”

三是加快科技进步和增强自主创新能力。科学技术是第一生产力，一个国家的进步与发展，主要体现在科学技术水平上。是否掌握先进的科学技术是一个国家是否先进的主要标志。我们要通过科技体制改革，多渠道增加科技投入，推进国家创新体系建设，加速科技成果向现实生产力转化。提高原始创新能力、集成创新能力和引进消化吸收再创新能力是一个国家快速、持续发展的重要条件。

四是大力开发人力资源。我国有着丰富的人力资源，开发和利用好我国的人力资源，努力造就高素质劳动者和各方面的专门人才，对于我国现代化建设极为重要。我国正努力推进人才强国战略，加快

① 中共中央文献研究室编：《十二大以来重要文献选编》上，人民出版社 1986 年版，第 3 页。

“十四五”时期，我国进入新发展阶段，正努力构建新发展格局。图为贵州平塘特大桥（中新图片 / 瞿宏伦）

教育结构调整，全面实施素质教育，重点加强义务教育特别是农村义务教育，大力发展职业教育，提高高等教育质量，使教育事业有一个大发展。同时，中国将积极引进海外各类人才特别是高层次人才，进一步形成人才辈出、人尽其才的良好机制和社会氛围，为现代化建设提供强大的人才保障和智力支持。

另外，把节约资源、保护环境作为基本国策，努力建设资源节约型和环境友好型社会，促进经济社会全面协调可持续发展。一如既往地实行对外开放政策。

（三）实现与各国的互利共赢和共同发展，建设持久和平与共同繁荣的和谐世界

中国的发展离不开世界，世界的繁荣也需要中国。建设持久和平与共同繁荣的和谐世界是世界各国人民的共同心愿，也是我国实现

和平发展的重要条件。和谐世界应该是民主的世界、和睦的世界、公正的世界、包容的世界、共赢的世界。中国坚持走和平发展道路就是要同国际社会一道，为达到这一崇高目标而共同努力。在政治上与各国和谐相处，坚持民主平等，实现协调合作，促进国际关系民主化。在经济上与各国相互促进，坚持公正和互利的原则，实现共同发展。在文化上与各国相互借鉴，取长补短，坚持包容开放，实现文明对话。在安全上与各国加深互信，实现共同安全。

中国的和平发展道路是中国探索出的一条新型发展道路，打破了一些大国建立殖民体系、争夺势力范围、对外武力扩张的老路。和平发展道路的提出和践行，明确了中国在世界上的地位和作用。这对于建设一个民主、和睦、公正、包容的和谐世界有着重要的意义。实践证明，中国走和平发展道路走对了。

四、中国和平发展道路面临的挑战

中国的和平发展道路有着有利的国际国内环境，但也面临着一系列的挑战。

（一）国际方面的挑战

和平、发展、合作已成为当今世界的主流，外部环境总体上对我国的发展有利。但国际环境复杂多变，影响和平与发展的不稳定不确定因素仍然存在。这主要表现在以下几个方面：世界多极化趋势继续发展，但单极还是多极的斗争依然深刻复杂；经济全球化趋势继续发展，但国际经济竞争依然深刻复杂；不同文明交流继续发展，但国际思想文化领域的斗争依然深刻复杂；国际战略安全形势总体稳定态势继续发展，但人类面临的安全挑战依然深刻复杂；国际协调合作继续发展，但围绕国际秩序的斗争依然深刻复杂。当前我国走和平发展道路面临的国际方面最直接的挑战有：以恐怖主义为代表的非传统安全威胁，以军事安全为代表的传统安全问题仍很严重，以能源安全为代表的经济安全问题日益明显，霸权主义国家对我国内政的干涉。此外还有金融风险等问题。我们必须保持清醒的头脑，采取正确的应对措施。对于损害我国主权、安全、发展利益的行径，对于损害世界各国人民共同利益的行径，必须旗帜鲜明地坚持原则，坚决斗争。

（二）国内方面的挑战

我国改革开放和现代化建设取得了举世瞩目的成就，为今后的发展奠定了坚实的基础。但我国正处在从传统社会向现代社会的转型过程中，情况错综复杂，会出现很多新情况、新问题，主要表现在：民主制度还不健全、不完善，这对于社会矛盾的解决、各方面积极性的调动、人们创造性的发挥都有消极的影响；我国社会保障制度建设取得了很大进展，但现行的社会保障体系还不完善；我国的分配制度还存在着缺陷，城乡之间、地区之间、不同的人群之间还存在着收入分配不公平问题；腐败问题仍是经济社会生活中存在的突出问题。此外还有自然生态环境问题、社会治安问题、金融风险问题等。这些问题如果处理不好，会对我国坚持走和平发展道路造成直接的影响。我们必须认真对待。

第九章 环球同此凉热

世界大同的担当

中国自古就有对大同世界的向往和追求。中国共产党的第一代领导人毛泽东曾提出“太平世界，环球同此凉热”的美好愿景。中国共产党在全国执政后，始终奉行独立自主的和平外交政策，积极发展同各国的交流与合作，维护和促进世界的和平与发展。中国始终是世界和平的建设者、全球发展的贡献者、国际秩序的维护者。正如习近平总书记所说：“我们所做的一切都是为人民谋幸福，为民族谋复兴，为世界谋大同。”①

①《习近平会见联合国秘书长古特雷斯》，《人民日报》2018 年 4 月 9 日。

一、奉行独立自主的和平外交政策

（一）独立自主的和平外交政策的形成和发展

近代以来我们的国家经历了100多年被侵略的苦难历史，饱受帝国主义和殖民主义的欺凌和压迫，当时的旧中国实行的是屈辱外交政策。为了改变这种状况，新中国必须清除帝国主义侵略的影响，摆脱帝国主义强加给中国人民的不平等条约，为独立自主地在国际事务中发挥作用扫清道路。新中国成立前夕，毛泽东就提出三大外交政策："另起炉灶""一边倒""打扫干净屋子再请客"。

"另起炉灶"就是不承认国民党政府的任何外国外交机关和外交人员的合法地位，不承认国民党政府一切卖国条约的继续存在。取消一切帝国主义在中国开办的宣传机关，立即统制对外贸易，改革海关制度。

"一边倒"就是根据当时的国际环境，新生的中华人民共和国在国际斗争中，坚定地站在以苏联为首的社会主义阵营一边。毛泽东在《论人民民主专政》中说："我们在国际上是属于以苏联为首的反帝国主义战线一方面的，真正的友谊的援助只能向这一方面去找，而不能向帝国主义战线一方面去找。"[①]这表明了中国人民坚决反对帝国主义的严正立场。

"打扫干净屋子再请客"就是清除帝国主义在中国的残余势力，取消帝国主义在中国的一切特权以巩固新中国的独立和主权，在此基

①《毛泽东选集》第四卷，人民出版社1991年版，第1475页。

础上与愿遵守和平民主平等原则的国家建立平等互利的外交关系。

周恩来在新中国成立前也明确指出，我们对外交问题有一个基本的立场，即中华民族独立的立场，独立自主、自力更生的立场。任何国家都不能干涉中国的内政。

1949 年 6 月，毛泽东在新政协筹备会议上又强调，中国必须独立，中国必须解放，中国的事情必须由中国人民自己作主张，自己来处理，不容许任何帝国主义国家再有一丝一毫的干涉。

中国人民政治协商会议第一届全体会议通过的《中国人民政治协商会议共同纲领》规定，中华人民共和国外交政策的原则是保障本国独立、自由和领土主权完整，维护国际的持久和平和各国人民间的友好合作，反对帝国主义的侵略政策和战争政策。

在开国大典上，毛泽东向全世界宣布，中华人民共和国政府为代表中国人民的唯一合法政府。凡愿遵守平等、互利及互相尊重领土主权等项原则的任何外国政府，中国政府愿与之建立外交关系。这就确立了新中国“独立自主”和“维护世界和平”外交政策的基调。

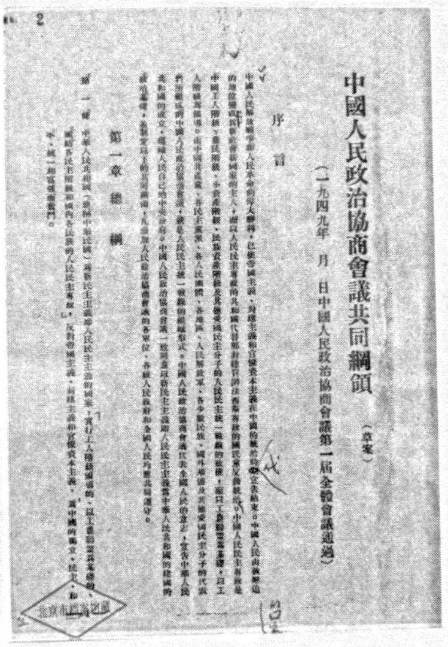
中國人民政治協商會議共同綱領（草案）

（一九四九年　月　日中國人民政治協商會議第一屆全體會議通過）

序言

第一章　總綱

《中国人民政治协商会议共同纲领（草案）》（海峰／供图）

1954 年通过的第一部《中华人民共和国宪法》规定：“在国际事务中，我国坚定不移的方针是为世界和平和人类进步的崇高目的而努力。”

1953 年 12 月，周恩来在会见印度代表团时第一次提出和平共处五项原则，即互相尊重主权和领土完整、互不侵犯、互不干涉内政、平等互利、和平共处。1954 年 6 月，周恩来在访问印度、缅甸期间分别与印度总理尼赫鲁和缅甸总理吴努发表联合声明，共同倡导和平共处五项原则。1955 年 4 月，周恩来在印度尼西亚召开的万隆会议上发表了《关于促进世界和平与合作的宣言》。这个宣言包含了和平共处五项原则的全部内容，和平共处五项原则成为国际社会公认的规范国际关系的重要原则。

1957 年，毛泽东在莫斯科向全世界宣布，中国坚决主张一切国家实行和平共处五项原则。

党的十一届三中全会以后，我国进入了改革开放和社会主义现代化建设的历史新时期。我们党对时代主题的判断发生了重大变化，认为和平与发展是时代的主题。在总结正反两方面经验的基础上，我们党明确提出坚持独立自主的和平外交政策。

邓小平在党的十二大的开幕词中强调："中国人民珍惜同其他国家和人民的友谊和合作，更加珍惜自己经过长期奋斗而得来的独立自主权利。任何外国不要指望中国做他们的附庸，不要指望中国会吞下损害我国利益的苦果。我们坚定不移地实行对外开放政策，在平等互利的基础上积极扩大对外交流。"①

1986 年召开的六届全国人大四次会议，正式提出"独立自主的和平外交政策"这一理念。根据国际形势和我国现代化建设的需要，围绕和平和发展两大主题，我国调整外交格局和党的对外关系，发展了独立自主、反对霸权主义、维护世界和平的对外政策。

党的十三大报告强调，中国将继续坚定不移地奉行独立自主的和平外交政策，在和平共处五项原则的基础上同世界各国发展友好合

①《邓小平文选》第三卷，人民出版社 1993 年版，第 3 页。

作关系。我们将同全世界爱好和平的国家和人民一道，努力推动国际形势朝着有利于世界人民、有利于世界和平的方向继续发展。

此后，我国独立自主的和平外交理念、政策、主张不断丰富和发展，先后提出和实践全方位外交布局、走和平发展道路、推进中国特色大国外交、推动构建人类命运共同体等。

在今天，独立自主的和平外交政策就是坚定不移地维护国家主权、安全、发展利益，牢牢把握坚持和平发展、促进民族复兴这条主线，为和平发展营造更加有利的国际环境，为实现第二个百年奋斗目标、实现中华民族伟大复兴的中国梦提供有力保障。2013 年 10 月 24 日，习近平总书记强调，做好外交工作，胸中要装着国内国际两个大局。国内大局就是“两个一百年”奋斗目标，实现中华民族伟大复兴的中国梦；国际大局就是为我国改革发展稳定争取良好外部条件，维护国家主权、安全、发展利益，维护世界和平稳定、促进共同发展。

2022 年 10 月 16 日，习近平总书记在党的二十大报告中强调，中国坚定奉行独立自主的和平外交政策，始终根据事情本身的是非曲直决定自己的立场和政策，维护国际关系基本准则，维护国际公平正义。

（二）独立自主的和平外交政策的基本内容

一是独立自主地处理国际关系。中国坚定不移地维护国家主权、安全、发展利益，坚持和平发展、促进民族复兴。对于一切国际事务，中国都从中国人民和世界人民的根本利益出发，根据事情本身的是非曲直，决定自己的立场和政策，不屈从于任何外来压力。中国从不把自己的社会制度和意识形态强加于人，也不允许其他国家把他们的社会制度和意识形态强加于我们。中国始终把国家的独立、主权、安全、尊严放在首要位置，任何时候、任何情况下绝不拿原则做交易，绝不会在任何压力下吞下损害我国利益的苦果。

二是反对霸权主义，维护世界和平。中国坚持国家不分大小、强弱、贫富，一律平等。中国不走“国强必霸”之路，主张国与国之间通过相互协商和平解决彼此之间的争端，不诉诸武力或以武力相威胁，不以任何借口干涉他国内政，反对动辄使用武力或以武力相威胁的霸道行径。反对以强凌弱、以大欺小、以富压贫，反对一切形式的霸权主义行为。中国坚决维护国际公平正义，反对侵略扩张和干涉别国内政。

中国积极发展同各国人民的友谊，支持和援助被压迫民族的解放事业、新独立国家的建设事业和各国人民的正义斗争，坚决反对帝国主义、霸权主义、殖民主义和种族主义，维护世界和平。中国坚定不移地走和平发展道路，坚持在和平共处五项原则基础上发展同各国的友好合作，努力建设覆盖全球的伙伴关系网络，坚持通过对话协商、以和平手段解决一切国际争端和热点难点问题，推动建设相互尊重、公平正义、合作共赢的新型国际关系。中国不对任何国家构成威胁，不参加任何军备竞赛和军事集团，永远不称霸，永远不搞扩张，永远做维护世界和平的坚定力量。

三是为建立公正合理的国际经济政治新秩序而努力。中国认为，新秩序应该体现历史发展和时代进步的要求，应该反映世界各国人民的普遍愿望和共同利益。和平共处五项原则和其他公认的国际关系准则应该成为建立国际政治经济新秩序的基础。中国愿意在互相尊重主权和领土完整、互不侵犯、互不干涉内政、平等互利、和平共处五项原则的基础上，同所有国家建立和发展友好合作关系。中国坚持权利和义务相平衡，积极参与全球经济治理，推动贸易和投资自由化便利化，反对各种形式的保护主义。中国坚持多边主义，反对单边主义，主张国际关系民主化，坚持各国的事情由各国政府和人民自主地决定，世界上的事情由各国政府和人民平等协商。坚决摒弃冷战思维和强权政治，走对话而不对抗、结伴而不结盟的国与国之间交往的新路。中国始终不渝奉行互利共赢的开放战略，通过深化合作促进世界经济强劲、可持续、平衡增长。

四是实行全方位的对外开放政策。当今的世界是一个开放的世界，各国之间的经济文化联系越来越紧密。当前，世界多极化、经济全球化、社会信息化、文化多样化深入发展，各国相互联系、相互依存程度之深前所未有，充分印证了马克思、恩格斯在《共产党宣言》中所作的科学预见。党的十一届三中全会以后，我国实现由封闭半封闭到全方位开放的历史转变。中国坚定不移奉行互利共赢的开放战略，贯彻对外开放的基本国策。在平等互利原则的基础上，中国积极同世界各国和地区广泛开展贸易往来、经济技术合作和科学文化交流，促进共同繁荣。我国发展成就得益于对外开放和同各国的互利合作，中国致力于在开放合作中谋求自身发展，以自身发展推动建设开放型世界经济。

（三）独立自主和平外交的多种形式

中国独立自主的和平外交形式是多种多样的。除了双边外交外，还有以下多种形式。

一是多边外交。多边外交是指多个外交主体的交流与往来。自1954年参加关于朝鲜问题和印度支那问题的日内瓦国际会议以来，新中国的多边外交已经走过了70年，中国逐渐成为多边外交的“积极拥护者、参与者和建设者”，取得了有目共睹的成就。中国通过多边外交，传播了中国对国际关系及国际事务的理念与诉求，维护了广大发展中国家的权益，推动了国际关系的民主化。通过多边外交，中国还有力促进了本国及地区经济发展，维护了地区及全球安全与稳定。中国的多边外交取得了巨大成就，展现了负责任大国形象。

二是周边外交。周边外交是指一个国家与周边国家的交流与往来。“冷战”时期，世界分为两极结构，中国周边国家分割为不同阵营。1954 年，中国参加关于恢复印度支那和平的日内瓦会议，这次会议标志着印度支那人民抗法斗争的胜利和法国在印度支那殖民统治的终结，也使中国南部边境有了一个相对稳定的环境。20 世纪 80 年代末和 90 年代初，中国还积极参与柬埔寨问题的和平解决，为地区和平作出了积极贡献。改革开放以来，中国对世界的形势作出了实事求是的客观估计，认为和平与发展是时代的主题，中国适时调整与周边国家的关系，出现了良性互动的态势。苏联解体后，中亚各国宣布独立。1991 年中国正式承认中亚各国，并于次年分别与中亚 5 国建立大使级外交关系。

1991 年，中国参加亚太经合组织。1994 年，中国支持创办东盟地区论坛并成为创始成员。1996 年，中国成为东盟的全面对话伙伴国。自 1999 年起，中国加入了东盟与中日韩的“10+3”“10+1”机制。1996 年 4 月 26 日，中国加入了“上海五国”会晤机制。2001 年该组织发展成上海合作组织。该组织在推动中亚地区合作特别是反恐方面发挥了重要作用。自 1991 年以来，中国已先后与哈萨克斯坦、吉尔吉斯斯坦、老挝、俄罗斯、塔吉克斯坦和越南解决了（陆地）边界问题。进入 21 世纪，中国开始在周边外交中提出一系列重要政策思想。如在 2002 年东盟地区论坛会议上，中国向大会提交了《中国关于新安全观的立场文件》，对以“互信、互利、平等、协作”为核心的新安全观作了全面解释。2002年，党的十六大提出“与邻为善、以邻为伴”。在这些思想的推动下，中国与周边国家的经贸关系突飞猛进。中国与东盟于2002年通过了《南海各方行为宣言》。南海由此进入了一段较长时间的相对稳定期。

党的十八大以来，我国坚持与邻为善、以邻为伴的外交政策，巩固睦邻友好关系，深化互利合作，努力使自身发展更好惠及周边国家。

三是民间外交。民间外交是由民间发起或主导的非官方外交，和官方外交互为补充、相互促进。新中国成立之初，为了打破外交封锁，争取更多国家和人民对中国的理解和支持，在官方外交暂时无法打开局面的情况下，通过“民间先行、以民促官”的人民外交实践，拓展了新中国的外交空间。民间外交的主体是普通公民，组织形态是社会友好团体。中国人民对外友好协会是从事民间外交的全国性人民团体，其宗旨为增进人民友谊、推动国际合作、维护世界和平、促进共同发展，并代表中国人民在国际社会和世界各国广交深交朋友，奠定和扩大中国与世界各国友好关系的社会基础，致力于全人类团结进步的事业。民间外交就是民心外交，即通过广交朋友，深交朋友，实现民心相通，为国家关系夯实民意基础。民间外交的基础是尊重世界文明多样性。在面临较为困难的国际环境时，民间外交扮演了“探路先锋”的重要角色，如戏剧外交、文化外交、“乒乓外交”、“熊猫外交”等民间外交形式，为国家总体外交开辟了空间。

四是政党外交。政党外交是不同国家政党之间的交流与往来。政党的作用首先主要体现在国内的政治活动，随着国际交往日益密切，政党的国际角色也越来越突出。建立新型政党关系是中国共产党发展对外党际关系，推进政党外交的一贯主张。党的十一届三中全会

2017 年 12 月 1 日，出席中国共产党与世界政党高层对话会的部分外国政党领导人参观“砥砺奋进的五年”大型成就展（中新图片 / 李纯）

以后，我们提出在独立自主、完全平等、互相尊重、互不干涉内部事务的基础上，同各国各地区政党和政治组织发展交流与合作，促进国家关系发展。2017 年 11 月，来自世界 120 多个国家近 300 个政党和政治组织的领导人共 600 多名中外代表出席中国共产党与世界政党高层对话会，习近平总书记发表了题为《携手建设更加美好的世界》的主旨演讲，向世界各国政党庄严承诺：中国共产党将一如既往为世界和平安宁作贡献，一如既往为世界共同发展作贡献，一如既往为世界文明交流互鉴作贡献。中国共产党愿与世界各国政党一道，做世界和平的建设者、全球发展的贡献者、国际秩序的维护者，为世界创造更多合作机会，努力推动世界各国共同发展繁荣。

习近平总书记倡议，将中国共产党与世界政党高层对话会机制化，使之成为具有广泛代表性和国际影响力的高端政治对话平台。各国政党对此积极响应，认为中国共产党与世界政党高层对话会是世界政党政治史上的创举，愿与中共一道推动对话会机制化。世界各国各类政党能够聚在一起，超越地域、文化、宗教、民族、种族、意识形态、社会制度等差异，展开深入沟通交流，共商人类发展合作大计，体现了中国共产党的政治优势和世界影响力。

五是军事外交。军事外交是指国家在军事方面的对外交往活动，如军事人员互访，军事谈判，缔结军事条约，开展联合演训，参加海上护航、联合国维和、人道主义救援，开展国际军事情报合作，开展国际军工合作，以及处理国际上的军事事务等涉外行动，都属于和平时期的军事力量运用。军事外交是国家外交活动的重要组成部分，目的在于扩大国家和军队的国际影响。改革开放以来，中国积极开展全方位军事外交活动，有效提升了国家和军队的国际影响力。

六是人大外交。人大外交是指我国各级人民代表大会及其常务委员会与外国议会及相关机构开展的各种形式的交流与往来。

我国人大与外国议会开展交流与合作，努力为国内建设营造长期、稳定的和平外部环境。党的十八大以来，全国人大同西方国家议会关系不断改善和扩大，同周边国家议会的交往与合作不断深化，同广大发展中国家议会的友好往来进一步加强，同国际和地区议会组织的联系更加密切，对外交往工作取得了显著成绩。目前，全国人大与世界上 180 多个国家的议会保持着不同形式的交往与联系，加入 15 个国际和地区议会组织，成为 5 个多边议会组织观察员。地方人大也与外国地方议会及相关组织开展各种形式的交往。人大外交有力维护了国家主权、安全和发展利益，为国家总体外交、我国经济社会发展和民主法治建设作出了重要贡献。

二、加强同发展中国家的团结与合作

中国是世界上最大的发展中国家。中国与广大发展中国家有着共同的历史遭遇，又面临着维护国家独立、实现经济发展的共同目标，合作基础深厚，前景广阔。加强同广大发展中国家的团结与合作是中国对外政策的基本立足点。一直以来，中国加强同广大发展中国家的团结合作，深化传统友谊，扩大务实合作，提供力所能及的援助，维护发展中国家的正当要求，同发展中国家在维护各自国家的独立主权上相互支持，在经济、文化方面加强交流。中国致力于缩小南北差距，支持发展中国家增强自主发展能力。

（一）积极发展与东盟的关系

中国与东盟于 2003 年建立战略伙伴关系。东盟致力于与中国开展密切合作，东盟也欢迎中国持续支持东盟共同体建设、支持东盟在区域合作中的中心地位。截至 2018 年，中国连续 9 年成为东盟第一大贸易伙伴，东盟连续 7 年成为中国第三大贸易伙伴。2020 年，东盟成为中国第一大贸易伙伴。

2018 年，中国还和东盟国家就《中国－东盟战略伙伴关系 2030 年愿景》达成共识，将构建以政治安全、经贸、人文交流三大支柱为主线，多领域合作为支撑的合作新框架，推动中国与东盟战略合作行稳致远。

中国和东盟国家完全有能力、有办法共同维护好南海和平与稳定，完全有智慧达成一份共同遵守的地区规则。

（二）积极发展与非洲的关系

中国和非洲从来都是命运共同体，共同的历史遭遇、共同的发展任务、共同的战略利益把我们紧紧联系在一起。在争取民族解放的斗争中，双方始终相互同情、相互支持，结下了深厚的友谊。20 世纪五六十年代，毛泽东、周恩来等党的第一代领导人和非洲老一辈政治家共同开启了中非关系的新纪元。从那时起，中非人民在反殖民主义、反帝国主义、争取民族独立和解放的斗争中，在发展振兴的道路上，相互支持、真诚合作。今天，我们都把对方的发展视为自己的机遇，都在积极通过加强合作促进共同发展繁荣。

中国和非洲之间浓厚的传统友谊和良好的合作关系，经受住了时间和国际风云变幻的考验，堪称发展中国家间关系的典范，并在新形势下得到了进一步巩固和加强。

由中国承建的莫桑比克马普托大桥

半个多世纪以来，双方政治关系密切，高层互访不断，人员往来频繁，经贸关系发展迅速，其他领域的合作富有成效，在国际事务中的磋商与协调日益加强。中国向非洲国家提供了力所能及的援助。中国帮助非洲建设了公路、铁路、机场、港口等一批基础设施。非洲也是中国最主要的维和地区。与西方国家附加政治和人权等条件的所谓“援助”不同，中国严格遵循不干涉非洲国家内政、援助不附加政治条件的原则，得到了非洲国家的高度评价。

在中非合作过程中，中国也受益不少。非洲拥有丰富的自然资源，通过市场交易的方式进行合作，中方可以从非洲进口石油、矿石等资源。

中非合作不但有利于中非双方发展，还有助于推动全球减贫事业，促进世界和平，具有显著的全球性意义。

截至 2023 年，中国连续 14 年成为非洲第一大贸易伙伴国。中国为非洲近年来的经济增长作出了重要贡献。面对充满变革与机遇、风险与挑战的国际形势，中非平等互信、相互支持的兄弟情谊不会改变，合作共赢、共同发展的根本宗旨不会改变，相互理解、共同进步的协作精神不会改变，风雨同舟、患难与共的坚定意志不会改变。

（三）积极发展与拉共体的关系

中国与拉美和加勒比国家共同体（简称拉共体）之间积极发展关系。拉美资源丰富，经济发展条件较好，是新兴经济体和发展经济体集中的大陆，完全可以与中国的发展转型相得益彰。中国是拉美第二大贸易伙伴国和第三大投资来源国。

中拉之间建立了全面合作伙伴关系，开辟了中国—拉共体论坛。中国与拉美国家坚持平等相待的合作原则，坚持互利共赢的合作目标，坚持灵活务实的合作方向，坚持开放包容的合作精神。中国与拉美关系逐渐从买卖关系、投资关系向发展关系升级，从利益共同体、责任共同体向命运共同体升级。

（四）积极发展与阿拉伯国家之间的关系

中国和阿拉伯国家之间的关系源远流长，可以追溯到 2000 多年前的古丝绸之路。新中国成立后的 70 多年间，中国和阿拉伯国家在争取民族独立、实现民族振兴的道路上肝胆相照、风雨同舟，在世界政治经济舞台上团结守正、合作共赢，双方友好合作的广度和深度都实现历史性跨越，成为南南合作典范。

中国注重发展与阿拉伯国家之间的关系。改革开放以来，中阿关系呈现蓬勃生机。近十个阿拉伯国家同中国建立或提升了双边战略合作（伙伴）关系。中国从阿拉伯国家进口大量原油，是阿拉伯国家的第二大贸易伙伴。2022 年中阿贸易额超过 4300 亿美元，比 10 年前翻了一番。中国从阿拉伯国家进口原油 2.7 亿吨，占当年中国全球进口总量的半壁江山。

2023 年 11 月 29 日，中国同约旦签署《中华人民共和国政府与约旦哈希姆王国政府关于共同推进丝绸之路经济带和 21 世纪海上丝绸之路建设的谅解备忘录》。至此，中国同全部 22 个阿拉伯国家和阿盟签署了共建“一带一路”合作文件。双方在共建“一带一路”框架下实施了 200 多个大型合作项目，合作成果惠及双方近 20 亿人民。

三、积极发展与发达国家的关系

发达国家在世界格局和国际体系的演变中一直占据主导地位。

中国与发达国家尤其是欧美大国全面改善和发展关系，对中国争取比较有利的国际环境具有十分重要的意义。中国重视改善和发展同发达国家的关系，主张国与国之间应超越社会制度和意识形态的差异，相互尊重，求同存异，扩大互利合作。中国主张，对彼此之间的分歧，应在平等与相互尊重的基础上坚持进行对话，不搞对抗，妥善加以解决。

中国同发达国家加强战略对话，增进互信，拓宽合作领域，妥善处理分歧，推动了建立长期稳定、健康发展的新型大国关系。

（一）积极发展与美国的关系

中国和美国分别是世界上最大的发展中国家和最大的发达国家。保持中美关系长期健康稳定发展，不仅符合两国人民的根本利益，也是国际社会的普遍期待。中美之间的共同利益远远大于分歧，两国在诸多领域的合作也远远超过在个别领域的竞争。中美和则两利，斗则俱伤。中美两国关系是趋于友好与合作的，但是由于历史原因、政治文化等因素也有歧见和矛盾。总体来讲，是合作多于冲突，共同利益大于彼此分歧。建交 40 多年来，中美两国在政治、经济等领域广泛开展了交流与合作，建立了对话机制。两国关系历经风雨，取得了历史性发展，为两国人民带来了巨大利益，也为世界和平、稳定、繁荣作出了重要贡献。历史充分证明，合作是双方最好的选择。面对当前纷繁复杂的国际形势和层出不穷的各种挑战，中美加强合作的必要性和紧迫性进一步上升。中美两国发展完全可以相辅相成、相互促进，双方完全能够成为很好的合作伙伴。

美国是中国第六大进口来源地和第一大出口市场，中国是美国第三大出口市场和第一大进口来源地。

近年来，中美关系出现了一些挫折，但只要两国本着不冲突、不对抗的精神，相向而行，中美关系就会健康发展。

（二）积极发展与日本的关系

中日是重要近邻。近百年来，日本军国主义者一再对中国发动侵略战争，给中国人民造成了深重灾难，日本人民也深受其害。经过中日两国人民长期共同努力，两国终于实现了邦交正常化。1972 年 9 月 29 日，中日签署发表《中华人民共和国政府和日本国政府联合声明》，实现邦交正常化。1978 年 8 月 12 日，中日于北京缔结《中日和平友好条约》，10 月 23 日，双方于日本东京互换批准书，条约正式生效。此后，双方先后于 1998 年 11 月和 2008 年 5 月发表《中日关于建立致力于和平与发展的友好合作伙伴关系的联合宣言》和《中日关于全面推进战略互惠关系的联合声明》。

一直以来，中日之间签署了一系列合作协议，经贸有长足的发展。截至 2003 年，日本连续 11 年成为中国第一大贸易伙伴国，2011 年日本是中国第四大贸易伙伴国（次于美国、欧盟、东盟），2012 年日本成为中国的第二大贸易伙伴国（次于美国）。自 2007 年开始，中国一直是日本最大的贸易伙伴国。2016 年，日本成为中国第三大外资来源地，中国是日本第二大对外投资对象国。2018 年 5 月，中日双方签署《关于中日第三方市场合作的备忘录》，同意设立跨部门的“推进中日第三方市场合作工作机制”。日本是中国主要的贸易伙伴。此外，中日在科技、文化、军事等领域的交流与合作也取得了成效。

中日邦交正常化以来，两国关系总体不断发展，各领域友好交流和务实合作日益深化，给两国和两国人民带来了实实在在的利益，也有利于维护地区乃至世界的和平、稳定与繁荣。

（三）积极发展与法国的关系

法国是第一个同中国正式建交的西方大国。

1964 年 1 月 27 日，中法两国建立大使级外交关系。建交后，两国关系总体发展顺利。

20 世纪 90 年代初，中法关系因法国政府参与西方对华制裁并批准售台武器一度受到影响。

《中法建交五十周年》纪念邮票（中新图片 / 郝群英）

1994 年 1 月 12 日，两国政府发表联合公报，法方承诺不再批准法国企业参与武装台湾，双边关系恢复正常。自此以后，中法两国在政治、经济、文化、科技、教育等领域的合作富有成果。

1997 年和 2004 年，法国在西方大国中率先同我国建立全面伙伴关系和全面战略伙伴关系。

2008 年，中法关系虽然出现重大波折，后来经过双方努力得到了修复。2009 年 4 月 1 日，中法发表新闻公报，中法关系逐步恢复良好发展势头，各领域合作进展顺利。截至 2019 年，中法战略对话多达 18 次。

法国是中国在欧盟内第四大贸易伙伴、第四大实际投资来源国、第二大技术引进国。中国是法国在亚洲第一大贸易伙伴、全球第六大贸易伙伴。

科技、文化、教育与军事等方面的双边交往与合作频繁。两国签有科技交流合作协定、环境保护合作协定、和平利用核能合作协定、卫生和医学科学合作协定、研究与和平利用空间合作协定，设有政府科技合作联合会。

两国还设有政府文化混合委员会，并开展互办文化年活动。

中法双方签有教育交流与合作协议，定期举行磋商会议。法国是最早同中国发展军事关系的西方国家。两国于 1964 年 9 月互派武官。1997 年，中法两军建立防务战略对话机制。两国海军曾展开互访，还举行过多次联合军演。21 世纪初，经国务院批准，包括法国在内的欧盟国家已经成为中国公民组团出国旅游目的地国。

中法地方交往日益活跃，两国之间已有友好城市和省区 100 余对。

（四）积极发展与俄罗斯的关系

中国十分重视与俄国的关系。中华人民共和国成立后最重要的外交活动就是毛泽东和周恩来前往莫斯科进行为期两个月的访问，主要目的是签订新的中苏同盟条约，并争取苏联经济援助。1950 年，苏联和中华人民共和国签署了《中苏友好同盟互助条约》而废除了《中苏友好同盟条约》。朝鲜战争期间，苏联向中国提供了军事援助。

苏联对中国的援助主要集中在新中国成立初期。1949 年苏联以设备、机器和各种材料的商品形式向中国提供 3 亿美元贷款，利息 1%，为期 5 年，占我国国民经济三年恢复时期中央政府总投资的 14.3%。

在中国第一、第二个五年计划时期，苏联援助中国建设“156 项工程”。这些项目成为奠定中国工业化的基础。赫鲁晓夫时代，苏联对中国提供的最重要的援助是帮助中国制造核弹、建设导弹生产企业和提供相应技术。1953—1957 年，中国实施了第一个五年计划。这是中华人民共和国奠定工业化初步基础的重要时期。在遭受全球大多数资本主义国家封锁、禁运的环境下，中国通过等价交换的外贸方式，接受了苏联和东欧国家的资金、技术和设备援助。苏联等社会主义国家的援助在我国国民经济建设中发挥了重要作用。20 世纪 60 年代，中苏关系恶化。1969 年，中苏边境爆发大规模军事冲突，其中包括珍宝岛事件，两国关系处于冰点。

1985 年，戈尔巴乔夫当选苏共中央总书记之后，苏联开始实行较为缓和的外交政策，得到中国方面的积极回应。1989 年 5 月，戈尔巴乔夫访华，双方关系恢复。

1991 年 12 月 27 日，苏联解体后，中俄两国在莫斯科签署《会谈纪要》，旨在解决两国关系的继承问题。1998 年 11 月，中俄两国在莫斯科发表了《关于世纪之交的中俄关系的联合声明》。从此以后，两国领导人频繁互访，两国总理定期会晤，签署了一系列双边文件，不仅解决了两国的边界问题，进一步推动了两国关系的发展，而且对世界的和平与稳定都有重要影响。

2019 年 6 月 5 日，中俄决定将两国关系升级为“新时代中俄全面战略协作伙伴关系”。随后两国签署《中华人民共和国和俄罗斯联邦关于发展新时代全面战略协作伙伴关系的联合声明》和《中华人民共和国和俄罗斯联邦关于加强当代全球战略稳定的联合声明》。两国认为，中俄两国团结在一起可以解决许多问题，这些问题不仅涉及政治、经济，还包括科学、教育、艺术、文化等各领域。两国国家间、政府间的关系发展迅速，两国人民、民间团体间的交往更是频繁。70 多年来，两国关系发展经受住了国际风云变幻的严峻考验，显示出无比强大的生命力和广阔的发展前景。从建立“面向 21 世纪的中俄战

1986年8月，黑河口岸出口第一船大豆，率先打开了中国对苏联开放的大门。1989年中苏两国关系实现正常化。图为2008年的黑河口岸码头（中新图片/邱齐龙）

略协作伙伴关系”到建立“平等信任、相互支持、共同繁荣、世代友好的中俄全面战略协作伙伴关系”，再到建立“新时代中俄全面战略协作伙伴关系”，两国关系不断迈上新台阶，成为当今世界绝无仅有的对话而不对抗、结伴而不结盟、不针对第三国的新型大国关系典范，也成为世界上互信程度最高、协作水平最高、战略价值最高的一对大国关系。

中国同俄罗斯经贸关系发展得也很快。2022年，中俄双边贸易额1902.72亿美元，同比增长29.3%。

（五）积极发展与德国的关系

中德于1972年10月11日建交，此后两国关系发展顺利。1989年，德国参与对华制裁。1992年，科尔政府开始调整对华政策。1993年，德国制定以中国为重点的亚洲战略，两国关系全面恢复。

中德两国高层互访频繁，双边关系发展水平不断提升。2004 年 5 月，双方宣布在中欧全面战略伙伴关系框架内建立具有全球责任的伙伴关系，并建立两国总理年度会晤机制。2010 年 7 月，双方发表《中德关于全面推进战略伙伴关系的联合公报》，并同意建立政府磋商机制。2014 年 3 月，中德关系进一步提升为全方位战略伙伴关系。

2014 年 3 月 28 日至 30 日，习近平主席对德国进行国事访问，分别同高克总统、默克尔总理会谈，双方发表《关于建立中德全方位战略伙伴关系的联合声明》。同年 10 月 9 日至 12 日，李克强访问德国，与默克尔共同主持第三轮中德政府磋商，双方发表以“共塑创新”为主题的《中德合作行动纲要》。多年来，德国一直是中国在欧洲最大的贸易伙伴，是欧盟对华直接投资最多的国家。德国还是欧洲对华技术转让最多的国家。在金融领域，德国与中国有着广泛的交流与合作。此外，中德在军事、教育、文化、科技、旅游等领域也有广泛的交流与合作。中德间省州交往也很活跃，目前两国已建立近百对友好省州（市）关系。

2022 年，中国已连续第 7 年成为德国最重要的贸易伙伴。

（六）积极发展与欧盟的关系

“欧盟”是欧洲联盟的简称，是欧洲经济、政治共同体。欧盟有 27 个会员国。1991 年 12 月，欧洲共同体马斯特里赫特首脑会议通过《欧洲联盟条约》，通称《马斯特里赫特条约》。1993 年 11 月 1 日，《马斯特里赫特条约》正式生效，欧盟正式诞生。欧盟是世界上经济最发达的地区之一。欧盟的经济实力已经超过美国居世界第一。随着欧盟的扩大，欧盟的经济实力进一步加强。欧盟奉行多边主义，倡导自由贸易，积极引领国际能源及气候变化合作，强调维护联合国的地位和作用，主张以和平方式解决地区热点问题。中国与欧盟（当时称为欧洲共同体）于 1975 年 5 月建交。40 多年来，在双方的共同努力下，中欧关系得到了长足发展。在政治领域，欧盟先后制定了《欧中关系长期政策》《欧盟对华新战略》《与中国建立全面伙伴关系》3 个对华政策文件。欧盟主张同中国建立全面的伙伴关系。与此同时，中国也一再重申，中国与欧盟都是当今世界舞台上维护和平、促进发展的重要力量，全面发展同欧盟及其成员国长期稳定的互利合作关系，也是中国对外政策的重要组成部分。

中国是欧盟为数不多的战略伙伴之一，双方高层和民间往来频繁；在处理重大国际和地区问题以及应对全球性挑战方面加强接触，合作基础和领域进一步扩大；不仅能实现重要的共同目标，而且对促进世界和平与稳定起到了重要作用。

欧盟曾连续 16 年是中国的第一大贸易伙伴，现为中国第二大贸易伙伴（仅次于东盟）。2020 年签署的《中欧全面投资协定》是中欧关系发展的重要成果。中国已成为欧盟第一大贸易伙伴。尽管双方在一些问题上存在分歧，但双方仍致力于合作。中欧是有着牢固双边关系的互利伙伴。双方已签署《中华人民共和国政府与欧洲联盟地理标志保护与合作协定》。这是双边关系的主要政治成果之一。

中国一直认为，不管国际风云如何变幻，中欧都应当把握好对话合作的主导面和互利共赢的主基调，妥善管控、处理分歧，推动中欧全面战略伙伴关系行稳致远，为世界注入更多的稳定性。

四、致力于构建人类命运共同体

马克思、恩格斯在《共产党宣言》中深刻阐明了全球化的历史趋势。第二次世界大战后特别是20世纪90年代后，随着市场经济的发展，各个国家和地区之间的经济文化联系越来越紧密。当前，世界多极化、经济全球化深入发展，国际社会正面临越来越多新的历史课题。共同用好发展机遇，共同应对各种风险，成为各国人民的共同愿望。

中国共产党深刻认识人类社会发展的客观规律，根据全球化发展的历史趋势和当前国际社会面临的共同问题，提出了“人类命运共同体”的新理念，并致力于构建人类命运共同体。

2011年9月6日，国务院新闻办公室发表《中国的和平发展》白皮书，指出经济全球化成为影响国际关系的重要趋势。不同制度、不同类型、不同发展阶段的国家相互依存、利益交融，形成“你中有我、我中有你”的命运共同体。要以命运共同体的新视角，以同舟共济、合作共赢的新理念，寻求多元文明交流互鉴的新局面，寻求人类共同利益和共同价值的新内涵，寻求各国合作应对多样化挑战和实现包容性发展的新道路。这是中国以政府文告的形式提出人类命运共同体的概念。

此后，中国共产党不断加深对人类命运共同体的认识，并在国际国内多种场合阐述人类命运共同体的内涵和中国致力于构建人类命运共同体的决心和措施。

2012年11月，党的十八大报告明确指出：要倡导人类命运共同体意识，在追求本国利益时兼顾他国合理关切，在谋求本国发展中促进各国共同发展，建立更加平等均衡的新型全球发展伙伴关系，同舟共济，权责共担，增进人类共同利益。这是首次在党的文件中阐述人类命运共同体。为什么要倡导人类命运共同体？因为人类共同安全问题日益突出，恐怖主义、大规模杀伤性武器扩散、金融危机、严重自然灾害、气候变化、能源资源安全、粮食安全、公共卫生安全等攸关人类生存和经济社会可持续发展的全球性问题日益增多。面对世界经济的复杂形势和全球性问题，任何国家都不可能独善其身，国际社会必须携手应对。

2013 年 3 月 23 日，习近平主席在莫斯科国际关系学院发表演讲时指出："这个世界，各国相互联系、相互依存的程度空前加深，人类生活在同一个地球村里，生活在历史和现实交汇的同一个时空里，越来越成为你中有我、我中有你的命运共同体。"[①]这是中国领导人首次在国际上谈及人类命运共同体问题。

在 2015 年博鳌亚洲论坛年会上，习近平主席提出了"通过迈向亚洲命运共同体，推动建设人类命运共同体"的倡议，提出了迈向命运共同体的"四个坚持"，即坚持各国相互尊重、平等相待，坚持合作共赢、共同发展，坚持实现共同、综合、合作、可持续的安全，坚持不同文明兼容并蓄、交流互鉴。

2015 年 9 月，习近平主席在美国纽约联合国总部举行的第七十届联合国大会一般性辩论上说："当今世界，各国相互依存、休戚与共。我们要继承和弘扬联合国宪章的宗旨和原则，构建以合作共赢为核心的新型国际关系，打造人类命运共同体。"

2017 年 10 月 18 日，习近平总书记在党的十九大报告中提出，坚持和平发展道路，推动构建人类命运共同体，促进全球治理体系变革。

2017 年 1 月 18 日，习近平主席在瑞士日内瓦万国宫出席"共商

① 习近平：《顺应时代前进潮流　促进世界和平发展》，《人民日报》2013 年 3 月 24 日。

共筑人类命运共同体”高级别会议，并发表了题为《共同构建人类命运共同体》的主旨演讲，深刻、全面、系统地阐述了人类命运共同体理念。

习近平主席说，让和平的薪火代代相传，让发展的动力源源不断，让文明的光芒熠熠生辉，是各国人民的期待，也是我们这一代政治家应有的担当。中国方案是：构建人类命运共同体，实现共赢共享。关于如何构建人类命运共同体，习近平主席提出了五个坚持，即坚持对话协商，建设一个持久和平的世界；坚持共建共享，建设一个普遍安全的世界；坚持合作共赢，建设一个共同繁荣的世界；坚持交流互鉴，建设一个开放包容的世界；坚持绿色低碳，建设一个清洁美丽的世界。习近平主席还表明了中国的决心：第一，中国维护世界和平的决心不会改变。第二，中国促进共同发展的决心不会改变。第三，中国打造伙伴关系的决心不会改变。第四，中国支持多边主义的决心不会改变。

2018年3月，第十三届全国人民代表大会第一次会议通过的《中华人民共和国宪法修正案》，将宪法序言中“发展同各国的外交关系和经济、文化的交流”修改为“发展同各国的外交关系和经济、文化交流，推动构建人类命运共同体”。推动构建人类命运共同体已经上升为我国的国家意志。

构建人类命运共同体，就是每个民族、每个国家、每个人的前途命运都紧紧联系在一起，应该风雨同舟，荣辱与共，努力把我们生于斯、长于斯的星球建成一个和睦的大家庭，推动建设持久和平、普遍安全、共同繁荣、开放包容、清洁美丽的世界，把各国人民对美好生活的向往变成现实。

人类命运共同体意识超越种族、文化、国家与意识形态的界限，为思考人类未来提供了全新的视角，为推动世界和平发展提供了一个理性可行的行动方案。

构建人类命运共同体是中国共产党着眼人类发展和世界前途提出的中国理念、中国方案，符合世界历史发展规律，受到国际社会的广泛赞誉和热烈响应。构建人类命运共同体已被多次写入联合国相关文件和决议中，在国际上产生了广泛而深远的影响。

五、中国对世界的贡献

在 20 世纪 50 年代，毛泽东指出："中国应当对于人类有较大的贡献。"[①] 习近平总书记在党的十九大报告中说："中国共产党始终把为人类作出新的更大的贡献作为自己的使命。"现在的世界是一个开放的世界。在全球化的趋势下，各个国家的经济文化联系越来越紧密，整个世界是一个不可分割的整体。人们形象地将现在的世界称为"地球村"。新中国成立以来，特别是改革开放以来，中国在世界上展现了负责任大国的形象，对世界作出了重要贡献。

（一）为维护世界和平和地区稳定贡献了自己的力量

作为联合国的创始会员国和安理会常任理事国，中国以史为鉴、维护和平，面对不断变幻的国际形势和严峻的地区局势，用实际行动展现大国担当。中国作为联合国安理会的常任理事国，积极参与政治解决地区热点问题。中国派出多批次的维和人员参与联合国的维和行动，为维护地区和平与稳定作出了重要贡献。2020 年是中国参与联合国维和行动的第 30 个年头。自 1990 年中国首次向联合国停战监督

①《毛泽东文集》第七卷，人民出版社 1999 年版，第 157 页。

组织派出军事观察员以来，中国军队已累计派出维和人员4万余人次，先后参加了26项联合国维和行动。① 中国是安理会5个常任理事国中派遣维和人数最多的国家，也是联合国维和摊款第二大出资国。

2020年9月18日，国务院新闻办公室发表《中国军队参加联合国维和行动30年》白皮书（中新图片/杨可佳）

中国支持联合国的改革，支持联合国等多边机构在国际事务中继续发挥重要作用。中国坚决反对一切形式的恐怖主义，为国际反恐合作作出了重要贡献。

中国积极致力于推进国际军控、裁军与防扩散事业。迄今为止，中国已加入了所有国际军控与防扩散条约。在防扩散方面，中国一贯严格履行所承担的国际义务，积极致力于中国防扩散机制的法制化建设，已建立起一个相当完备的防扩散出口控制体系。

中国政府一向重视人权并为此作出了不懈的努力。中国已加入了包括《经济、社会及文化权利国际公约》在内的18项人权公约，并签署了《公民权利和政治权利国际公约》。

中国还与国际社会一道，加强合作，共同对付人类发展面临的环境恶化、资源匮乏、贫困失业、人口膨胀、疾病流行、毒品泛滥、国际犯罪活动猖獗等全球性问题。

---

① 参见《积极参与和推动减贫、国际维和、抗疫合作　中国对世界和平发展贡献巨大》，《人民日报（海外版）》2020年9月17日。

中国积极参加二十国集团的活动，为改革国际金融体系，反对贸易保护主义，促进世界经济复苏，建设开放型世界经济，加强宏观经济政策协调，改革全球经济治理，应对危机和促进世界经济复苏贡献了中国智慧。

中国发起并积极参加上海经济合作组织的活动，签署了多个合作文件，包括《上海合作组织成立宣言》和《打击恐怖主义、分裂主义和极端主义上海公约》。上海经济合作组织恪守《联合国宪章》的宗旨和原则；相互尊重独立、主权和领土完整，互不干涉内政，互不使用或威胁使用武力；所有成员国一律平等；平等互利，通过相互协商解决所有问题；奉行不结盟、不针对其他国家和组织及对外开放原则。其目的是加强成员国的相互信任与睦邻友好；维护和加强地区和平、安全与稳定，共同打击恐怖主义、分裂主义和极端主义、毒品走私、非法贩运武器和其他跨国犯罪；开展经贸、环保、文化、科技、教育、能源、交通、金融等领域的合作，促进地区经济、社会、文化的全面均衡发展，不断提高成员国人民的生活水平；推动建立民主、公正、合理的国际政治经济新秩序；安全合作是上海经济合作组织的重点合作领域，核心是打击恐怖主义、分裂主义和极端主义“三股势力”。上海经济合作组织进一步加强了中国与周边国家的关系，堪称不同政治制度、不同文化国家和谐共处的典范。

中国积极参加金砖国家的活动。2001 年，美国高盛公司首次提出 BRIC 概念，用巴西、俄罗斯、印度、中国 4 个新兴市场国家英文名称的首字母组成缩写词。因“BRIC”拼写和发音同英文单词“砖”（brick）相近，中国媒体和学者将其译为“金砖国家”。经俄罗斯倡议，“金砖四国”巴西、俄罗斯、印度、中国外长于 2006 年 9 月联合国大会期间举行了首次会晤。2009 年 6 月，金砖国家领导人在俄罗斯叶卡捷琳堡举行首次正式会晤，并发表《“金砖四国”领导人俄罗斯叶卡捷琳堡会晤联合声明》。首次会晤的举行开启了金砖国家合作序幕，之后每年举行一次。2011 年，南非正式加入金砖国家。金砖国家领导人会晤机制的建立，为金砖国家之间的合作与发展提供了政治指引和强大动力。多年来，金砖国家在重大国际和地区问题上共同发声，积极推进全球经济治理改革进程，大大提升了新兴市场国家和发展中国家的代表性和发言权。

（二）为世界经济发展作出了重大贡献

中国是全球最大的制造业国家之一，为全球供应链提供了重要支持。

中国是世界上最大的出口国之一，其广泛的生产基础和庞大的人口市场使其成为全球贸易的主要推动力之一。中国加入世界贸易组织（WTO）后，进一步促进了国际贸易的自由化和扩大。

中国吸引了大量的外国直接投资（FDI），这有助于技术转移、产业升级和就业机会的提供。

此外，中国对全球基础设施建设、技术创新与数字经济都作出了重要贡献。

中国成功地实现了数亿人口的脱贫，这对于全球减贫目标的实现具有积极的影响。

中国积极参与国际金融体系，人民币逐渐在全球储备货币中占有一席之地。中国推动建立以人民币为基础的金融合作机制，加强了全球金融体系的多样性。

一个更加开放的中国，正在世界经济中扮演越来越重要的角色：2021 年中国 GDP 占世界比重达到 18.5%，比 2012 年提高 7.2 个百分点；中国全球货物贸易第一大国的地位更加稳固，货物贸易占世界比重从 2012 年的 10.4% 提升到 2021 年的 13.5%；人民币 2016 年正式纳入国际货币基金组织特别提款权（SDR）的货币篮子，在全球贸易中的支付比重不断提升。

改革开放以来特别是加入世界贸易组织以来，中国的经济飞速发展，对世界经济稳定发展作出了重要贡献。2009 年至 2018 年，中国对全球 GDP 增量的平均贡献率高达 30% 左右，稳居世界第一位，成为拉动世界经济增长的主引擎。根据国家发展改革委的数据，2023 年中国对全球经济增长贡献将达三分之一，仍然是全球增长最大引擎。中国经济的快速发展、居民生活水平不断提高，对世界市场产生了巨大的需求，为世界各国创造了巨大需求。中国加入世界贸易组织后，对外贸易额快速增长，贸易地位快速提升。自 2009 年起，中国一直保持着全球货物贸易第一大出口国和第二大进口国的地位，成为名副其实的贸易大国。自 2009 年以来，中国一直是最不发达国家的最大出口市场，吸收了最不发达国家 1/5 的出口贸易额。

自 2013 年起，中国成为全球第二大服务贸易进口国，为带动出口国当地消费、增加就业、促进经济增长作出了重要贡献。

面对单边主义、保护主义等“逆全球化”现象，中国继续高举自由贸易的旗帜，坚决反对贸易保护主义，维护以世界贸易组织为核心的多边贸易体制，成为推动全球化发展的中流砥柱。

国际投资也是推动经济全球化和世界经济增长的重要力量。加入世界贸易组织后，中国将“引进来”与“走出去”进一步有机结合，双向投资实现了新突破。2001—2017 年，中国的外商直接投资规模从 468.8 亿美元增加到 1363.2 亿美元，年均增长 6.9%。外商投资企业在提升中国经济增长质量和效益的同时，也分享到了中国经济发

中国提出的共建“一带一路”倡议大力带动了沿线国家和地区的经济发展。图为 2021 年 6 月山东省荣成市鑫弘重工码头工人正维修改造进坞外籍货轮（中新图片 / 杨志礼）

展的红利，实现了双赢的良好格局。与此同时，中国对外投资迅速增长，对外直接投资位居世界第 3 位。中国对外投资加快了东道国当地技术进步步伐，促进其经济发展和民生改善，创造了大量就业机会。

中国提出共建“一带一路”倡议以来，截至 2020 年 11 月，已有 80 多个国家和国际组织同中国签署了合作协议，为保障世界经济平稳增长搭建了重要平台。

与此同时，中国推出一系列高水平对外开放重大举措，有效地支持了经济全球化和贸易自由化。

（三）在消除贫困方面取得了令人瞩目的成就

在联合国确定的 17 个可持续发展目标中，消除贫困居首位。党的十八大以来，经过 8 年持续奋斗，到 2020 年底，中国如期完成新时代脱贫攻坚目标。占世界人口近 1/5 的中国全面消除了绝对贫困，提前 10 年实现《联合国 2030 年可持续发展议程》中的减贫目标。这不仅是中华民族发展史上具有里程碑意义的大事件，也是人类减贫史乃至人类发展史上的大事件，中国为全球减贫事业发展和人类发展进步作出了重大贡献。按照世界银行每人每天 1.9 美元的国际贫困标准，改革开放 40 多年来，中国让 8 亿多贫困人口脱贫，对世界减贫贡献率超过 70%，是全球最早实现千年发展目标中减贫目标的发展中国家。

中国政府的精准扶贫政策和脱贫攻坚目标，成功地使 8 亿人摆脱了贫困，为世界特别是为发展中国家提供了很好的范例。

根据世界银行研究报告，“一带一路”倡议将使相关国家约 760 万人摆脱极端贫困、3200 万人摆脱中度贫困。

正如习近平总书记在党的十九大报告中所说：“中国共产党是为中国人民谋幸福的政党，也是为人类进步事业而奋斗的政党。”

2021 年 2 月 25 日，中国宣告脱贫攻坚战取得了全面胜利。图为 2021 年 2 月 25 日在北京举办的全国脱贫攻坚总结表彰大会会场（中新图片 / 盛佳鹏）

2022年10月16日，习近平总书记在党的二十大报告中强调：构建人类命运共同体是世界各国人民前途所在。中国坚持对话协商，推动建设一个持久和平的世界；坚持共建共享，推动建设一个普遍安全的世界；坚持合作共赢，推动建设一个共同繁荣的世界；坚持交流互鉴，推动建设一个开放包容的世界；坚持绿色低碳，推动建设一个清洁美丽的世界。

我们有理由相信，只要各国人民共同努力，“太平世界，环球同此凉热”的美好愿景就一定能实现。